JN438650

백화화쟁百花和諍

박양근 제8 에세이집

백화화쟁百花和諍

인쇄 2020년 11월 17일
발행 2020년 11월 22일

지은이 박양근
발행인 서정환
펴낸곳 수필과비평사
주소 서울시 종로구 삼일대로 32길 36(익선동 30-6 운현신화타워) 305호
전화 (02) 3675-3885, (063) 275-4000 · 0484
팩스 (063) 274-3131
이메일 sina321@hanmail.net essay321@hanmail.net
출판등록 제300-2013-133호
인쇄 · 제본 신아출판사

ISBN 979-11-5933-301-9 03810
값 13,000원

이 도서의 국립중앙도서관 출판예정도서목록(CIP)은 서지정보유통지원시스템 홈페이지(http://seoji.nl.go.kr)와 국가자료공동목록시스템(http://www.nl.go.kr/kolisnet)에서 이용하실 수 있습니다.(CIP제어번호: CIP2020048696)

Printed in KOREA

* 본 도서는 2020년 부산문화재단 지역문화예술 육성지원사업의 일부 지원으로 제작되었습니다.

감성으로 세상에 다가가는 힐링 모둠

백화화쟁百花和諍

박양근 제8 에세이집

수필과비평사

■ **프롤로그**

윈스 어폰 어 타임(Once upon a time…)

모든 것이 아름답다. 언제나 살아 있으므로. 모든 것이 안쓰럽다. 언젠가는 사라지므로. 한때 향기롭던 꽃, 단단하던 바위, 하얀 빙벽도 시들고 무너지고 녹아내린다. 모두 한때의 삶이므로. 그럴 때마다 사람은 자신의 한때를 아프게 생각한다.

생명이 있는 것은 흔들리고 움직인다. 기고 걷고 헤엄치고 날며 어딘가로 향한다. 나비가 꽃잎에 앉고 갈대가 바람에 흔들리고 아이가 무릎을 세우는 모습은 언제 생각하여도 신기하고 경이롭다. '한때' 가슴 설레며 오래 간직하리라 여겼던 존재들을 잃어버렸을 때 더욱 그렇다. 그래도 끝내 놓아야할 목숨들이지만 참 좋았던 때가 있었다.

원스 어폰 어 타임 인 더 라이프(… in the life)

누구에게나 '한때' 가 있다. 그때를 기억하면 그냥 곱구나하는 말이 저절로 나온다. 고운 그때를 추억하면 그냥 좋을 텐데 왜 사람들은 외로워진다 할까. 또한 생각한다. 언제부터 순수, 정직, 감각, 열정이 무디어지고 사랑조차 닫혔을까.

그에 대한 답을 찾고자 백화화쟁百花和諍을 엮기 시작했다.

꽃들은 싸우지 않는다. 순리에 맞추어 피고 지며 서로 살도록 해준다. 꽃밭이지만 자신이 사는 게 첫 조건이다. 살기 위한 조건은 사람마다 다르다. 글을 써야만 살 수 있는 사람들도 있다. 나도 그렇다. 세상만사 느낀 대로 말하고 싶어 여덟 번째 글 자리를 마련한다.

아무리 미미한 것에게도 '한때'가 있음에 존경과 감사를 드리며.

2020.

파도조차 가을빛으로 젖는 곳에서

박 양 근

| 차례 |

3부 내 곁, 그곳

4부 청령蜻蛉 씨와의 재회

5부 엔딩

6부 풀꽃처럼 불꽃처럼

7부 고전을 다시 읽듯

8부 서산일락西山一樂

1부 거연정 밤 물은 깊고

몸이 소리를 듣는 건 피가 밤 물로 흐르기 때문이다. 바람이든 물이든 감정이든 모두 미세한 입자들이다. 그 입자들이 어울려 소리를 내고 부서져도 소리를 낸다. 소리를 먹고 사는 사람의 귀는 깊은 밤이 될수록 민감해진다. 그동안 들었던 유호리 개천이 흐르는 소리며, 구암사 염불 소리며, 선덕왕릉 솔바람 소리며, 황룡사 종소리며, 외진 바닷가 파도소리며, 리버풀 눈보라 치는 소리며, 터질듯한 심장 소리며, 하이웨이를 달리던 엔진 소리가 왜 자꾸만 깊어질까 되새김한다. 세상에서 도피하여 풍경 속으로 들어갈 때 오직 하나의 소리만 지키면 된다. 그 소리를 연줄로 모든 소리가 살아나고, 죽음 후에도 분명 들을 수 있을 것이다.

— 〈거연정 밤 물은 깊고〉 중에서

해를 몰고 간다

해가 뜬다. 어제처럼 오늘도 해가 뜬다. 어둠이 사방에서 위세를 부리는 시간에 해는 산을 넘어온다. 새벽안개가 피어오르는 개울을 가뿐하게 건너고 담쟁이가 벽걸이로 걸린 돌담을 훌쩍 넘는다. 집 가까이 다다르면 더욱 환한 몸체를 세우고 마루를 건너 방문턱으로 들어선다. 마침내 우리 곁으로 바싹 다가선다. 하루 첫 진객이 나타나면 태양의 도시에 사는 주민들은 '오늘도 오시는구나.'라고 경탄하면서 두 손을 내민다. 나팔꽃이 나팔을 부는 새벽이 그 무렵이다.

태양은 걷지 않고 달린다. 컴컴한 밤의 제국을 단숨에 무너뜨리듯 동쪽 하늘부터 점령해 나간다. 붉은 깃발을 휘날리고 금빛 북을 치는 돌격대를 앞세우고 달음질로 밀려온다. 그 앞에서는 삐죽 솟은 포플러나무 그늘도 순식간에 항복하고 닭 무리며 누렁이도 제 집 앞에 도열한다. 그것은 담장 위에 올라선 수탉이 동쪽을 향해 취타를 울리는 자세를 보면 알 수 있다.

태양은 언제 어디서든 쉬지 않는다. 쉬지 않으므로 그 이름이 태양이다. 앞을 가로막는 것은 아무것도 없다. 잔설이든 빙하든 경외의 허리를 굽힌다. 바람도 충직한 신하가 되어 해의 뒷길만 따를 뿐이다. 여름이면 매미 무리가 목청을 돋우는 충직한 자세로 알 수 있다. 가을이면 살진 메뚜기가 벼 잎 아래로 내려가고, 게가 천천히 돌 밑으로 기어들어 가는 움직임으로 짐작할 수 있다. 그들은 태양의 은혜를 본받아 쉬지 않아야 한다는 사실을 깨친 존재들이다. 그 하나만으로도 나는 내일도 태양이 뜬다는 사실을 무조건 믿는다. 한없이 반긴다.

해는 또다시 떠오른다. 어제나 오늘처럼 내일도 해는 뜬다. 그다음의 내일도 마찬가지다. 고대 이집트 시대의 나일강에도, 몽고제국의 초원에도 해는 떴다. 로마의 트레비 분수에도, 잠못 이루는 시애틀에도 해는 사라지지 않았다. 섬진강 나루터에도, 장산 골짜기에도, 비슬산 등마루에도 햇살은 다시 비칠 것이다. 게다가 어제 뜬 태양과 내일 뜰 태양은 모두 같다. 광채도 열기도 같다. 하늘의 구球다. 그것이 불변의 태양을 더욱 위대하게 만든다.

만일 태양이 날마다 다르다면 1년의 첫 하루는 무의미할 것이다. 해가 뜬다고 말하지 않고, 달리고 종횡으로 누빈다고도 아니 말할 것이다. 소리 없이 오는구나, 하고 경탄하지 않고 내일도 우리를 맞이하리라 기대하지 않을 것이다. 수탉은 동쪽으로 벼슬을 돌리지 않고, 나팔꽃은 줄기를 타지 않고, 매미는 폭염이 터져라 울지 않을 것이다. 오직 태양은 하나뿐이므로, 태양이 세상을 덮어주고 안아주므로 만물이 그 식솔이 된다. 대지와 하늘이 있되 태양이 없다면 어찌 매가 까맣게 치솟으며, 새끼를 거느린 산양이 우직하게 산 바위를 지키려 하겠는가. 통통배조차 거친 파도에서 견뎌 나갈 것인가. 무엇보다 내가 한 해의 첫 산길을 생명의 탯줄인 양 오를 것인가. 이 모든 것이 가능해지는 이유는 태양이 변하지 않는 희망의 붉은 우체통인 까닭이다.

나는 태양을 경배한다. 달맞이꽃이 달을 숭배하듯 365일 내내 그가 있는 하늘을 바라본다. 태양이 하늘의 주인이고 상속자이므로, 무엇보다 우주의 장자이므로, 나는 뒤따른다. 고개를 숙이고 허리를 굽힌다. 하늘에 태양이 없다면 푸른빛을 희망이라고 결코 말하지 않을 것이다. 둥근 희망, 그 핏빛 자궁이 생명의 길을 낸다.

우리는 잘 안다. 나이를 먹을수록 빨리 삶 저편으로 우리를 보내려 시간이 술수를 부린다는 것을. 그것에 저항하기 위해 우리는 할 일을 찾는다. 태양은 한시도 게으름을 피우지 않으므로, 태만한 자를 가장 싫어한다. 그러니 서쪽에서 하루를 굿바이 하는 태양을 꽉 붙잡는 외에 달리 방도가 없다.

해가 지는 서쪽으로 차를 몰았다. 일 초라도 더 많이, 일 분이라도 더 오래 빛이 머물기를 부탁하고 싶어서였다. 언젠가 호주에서 태양을 좇는 어드벤처에 가입하여 그날 두 번 일몰을 보았다. 여긴 한국이니 잠시 국도변 낯선 국밥집에 들러 정월 다섯째 날 노을이 잠긴 국물을 마셨다. 뜨뜻한 첫 국물이 식도를 타고 내려가는 동안 태양이 도는 황도를 생각했다. 태양을 삼켰으니 다시 모든 게 흐른다. 발끝까지 피가 돌고 손가락 끝에 힘이 모인다. 양손으로 감싸 쥔 동그란 질그릇이 더없이 따뜻하다. 행복할 때도 눈물이 난다. 한 해를 다시 맞이했는데 그 이상 무슨 자연의 자비를 바랄 건가.

오늘도 아침 해가 당당하게 문턱에 올라선다. 신년 첫 달의 레이스를 위한 테이프를 끊는다. 오늘의 해가 더 둥글게 보이는 것은 우리에게 아직 희망이 남아 있어서다. 태양의 빛은 다름 아닌 희망의 길이다.

말발

세상에서 가장 몹쓸 잔치가 말잔치다. 태어날 때의 첫 울음이 임종 자리에서 유언으로 끝나면 개인의 말은 목숨을 다한다. 그렇게 귀한 말이 주인도 손님도 구별 못하는 말판이 되면 대개 싸움판으로 바뀐다. 요긴하면서도 귀에 와 닿는 말을 차려내기가 어려운 이유도 말잔치와 말싸움이 뒤엉키기 때문이다.

말은 손발이 없다. 그래도 말이 일으키는 조화는 기가 막힌다. 단숨에 천리를 달리고, 역병보다 빨리 퍼져간다. 바람의 방향보다 더 제멋대로여서 갈피도 잡기 어렵다. 미풍 같은 한마디를 던져 마음의 빗장을 푸는가 하면, 심통을 부려 사람의 목숨이 떨어지기도 한다. 잔잔한 수면에 파도를 일으키고 벌판의 거목을 쓰러뜨리기도 한다. 그건 말에 기운이 있어서다.

말의 기운을 말발이라 부른다. 발의 의미는 곧게 내뻗친 줄이다. 직선의 획을 제대로 그으려면 손놀림이 종이 위에서 내뻗쳐야 되듯, 발 있는 말을 만들려면 단순한 음색만으로 부족하다. 올곧은 서기瑞氣로 발화시켜야 한다.

말발을 세우려고 짐짓 허세를 부리는 경우를 본다. 허세는 바람 든 무처럼 부실하다. 그럴듯한 궤변으로 말판에서 주인 행세를 하려고 하지만, 앞뒤를 가리지 못하는 성깔을 부려 잔칫상의 꼴뚜기가 되기도 한다. 궁지에 몰려 뻗대는 염치는 멸치, 갈치조차 흉내 내지 않는다. 자갈밭에 빈 깡통이 구르듯 시끄럽고 어수선하건만 수다를 재치로 착각하여 말판을 자기의 독무대로 삼는 사람들을 심심찮게 본다. 이런 경우를 잠재울 약발이 있으면 얼마나 세상이 조용해질까.

어디에 가든 말솜씨를 뽐내는 사람이 있다. 언변의 달인들이다. 하지만 자세히 보면 별게 아니다. 말 틈이 가로채일까 연신 상체를 들썩거리고, 앞뒤가 어긋나면 요리조리 말꼬리를 바꾸고, 자신도 자신의 말이 미덥지 않아 몇 번이고 되새김질한다. 그렇게 하다 보면 입술 주변에 세제 같은 거품이 잔뜩 번져나는 측은한 광경을 볼 수 있다. 세 치 혀와 두 입술을 놀리는 재능(?)이 아까워 진기명기열전에 추천이라도 하고픈 심정이다. 청산유수가 아니라 탁류분방濁流糞放일 터. 말주변 없는 사람의 변명이라 하여도 어쩔 수가 없다.

말의 발성은 허파에서 시작한다. 허파에 모인 공기가 성대로 올라와 입술, 이, 목구멍, 목젖, 입천장에 부딪쳐 수만 가지 단어를 만들어낸다. 고저장단이 정해지는 조음점은 입안에 있지만 말의 기운이 생성되는 곳은 허파이다. 허파는 인간이 생명을 유지하는 데 필수적인 산소가 들고나는 신체기관이다. 이는 말의 참된 힘은 입이 아니라 마음속에 있다는 뜻이다. 말의 근본을 마음에 둔 조물주의 의도가 신묘하기만 하다.

지인 중에 매우 멋진 말발을 가진 사람이 있다. 언변이 구수하지도 않고 달변이랄 것도 없다. 그런데도 대부분의 친구들은 그와 이야기하기를 좋아한다. 터트리고 싶은 아우성이든, 말 못할 속사정이든, 그 앞에서는 감추지 않는다. 조용히 귀담아들어주기만 하는데도 그에게 깊은 속이야기도 꺼낸다. 본받을까 싶어 살펴보아도 신통한 비결은 어디에도 없다. 서너 마디의 말을 던져 어쩌다 맺힌 매듭을 풀어줄 뿐이다. 그의 말추렴은 소박하고, 분별이 있고, 믿음이 있고, 깊이가 있다. 생색을 내려는 말부조가 아니다.

말은 헤프지 않아야 한다. 그렇지 못한 말은 희롱이거나 장난에 그치기 쉽다. 말발이 있는 사람은 말 편치를 함부로 휘두르지도 않고 말빼이나 말치레에 능하지도 않다. 겉치레의 값비싼

음식보다는 정성 어린 안주인의 마음 씀씀이가 손님을 더욱 기쁘게 하듯이 말 차림이 반듯하면 손님들이 제 발로 찾아오는 법이다. 말발을 아낌없이 나누어주는 사람이라면 진정 말벗이라고 부를 수 있다.

말발은 가을 첫추위에도 찾아오는 서릿발이다. 이슬처럼 찰나적이지도 않고, 얼음처럼 꽁하지도 않다. 눈처럼 변덕스럽지도 아니하고 안개처럼 흐물거리지도 않는다. 밟혀 꺾일지언정 촌철살인寸鐵殺人의 침을 꺼내지 않는다. 말의 뼈가 진실을 꿰뚫어 막힌 기를 흐르게 해주고 굳은 관계를 풀어주는 까닭은 정성스러운 논리로 상대의 무지를 깨우쳐 주기 때문이다.

핏발을 세우지도 않으면서 말의 힘을 지켜내야 참된 말발이라 하겠다. 남이 무어라 하든 말씨름에 휩쓸리지 않고 말잔치의 식객이 되기를 거부할 때 참된 말꾼이라 하겠다. 말발이란 상대의 얕은수를 읽어내기 위해 곁눈질하는 말눈치가 아니다. 삶의 지혜를 승부 내는 척도가 말발이라 하겠다.

말발은 마음의 밭에서 거둘 때 제격이다. 식물이라면 줏대 없이 자라는 잡초더미가 아니라 비옥한 흙덩이를 제치고 솟아나는 생명의 촉이다. 물이라면 정갈한 수로를 지나면서 대지를 축여주는 청류이다. 음식에 비긴다면 오도독 소리를 즐겁게 들으며 잘근잘근 씹을 수 있는 삼겹살이다. 허장성세虛張聲勢나 교언영색巧言令色은 기름기만 잔뜩 낀 비곗살에 불과하다. 단맛에 절인 혀끝은 말발을 제대로 음미하지 못한다. 말은 삼키는 것도, 뱉는 것도 모두 마음으로 녹이고 뽑아내는 힘이기 때문이다.

말발은 위세를 부리라고 조물주가 준 깃발이 아니다. 말머리를 돌리고 말꼬리를 내리고 올리는 재주만으로는 말판의 진정한 주인이나 손님이 될 수 없다. 그런데도 말발 아닌 말발로, 글발 아닌 글발로 제 분수를 더 뭉개는 사람이 적지 않다. 그런 사람이라면 차라리 '술발'이나 제대로 키워 취객을 다루는 게 더 나을 게다.

거연정 밤 물은 깊고

바위 위에 핀 부용꽃 한 송이. 화림교를 지나면 산사의 세심교를 건널 때처럼 가슴 속에 쏴하는 한 줄기 바람과 계수 소리가 들어온다. 초입에서 지붕만 보이던 정자가 엄전한 기품을 드러내는 순간에는 첩첩산골 고적감에 사로잡힌다. 푸른 물길로 에워싸인 바위섬 정자에 오르는 발걸음이 더욱 조심스러워진다.

화림동은 꽃이 우거진 숲이라는 뜻이다. 지리산 줄기의 하나인 육십령고개에서 내려오는 물줄기가 곳곳에 너럭바위와 맑은 소와 기암괴석과 노송 숲을 만들었다. 절경이니만큼 요산요수를 흠모하는 함양 선비들은 곳곳에 꽃 같은 정자들을 세웠다. 그중에서 유일하게 명승이라는 이름을 얻는 곳이 거연정居然亭이다.

거연정에 가려면 내가 사는 곳에서 승용차로 두 시간 반이나 달려야 한다. 먼 거리임에도 수시로 가고 싶은 이유는 일단 품으면 속정을 그냥 줘버리는 내 기질 탓이라 여긴다. 그렇다고 첫 눈이 헤프다는 것은 아니다. 아무튼 첫 만남 후, 벚꽃이 우르르 떨어지면, 여름 달빛이 요상하면, 붉은 단풍이 물 위에 뜨면, 겨울 찬바람이 마구 불면 그냥 그곳이 보고파진다. 옛 시인묵객도 그랬을 것이다. 뭐든 가꾸지 않으면 시든다지만 여기는 그대로 두어야 매 계절 새로 태어난다. 거연정이라는 이름이 주자의 시 〈정사잡영精舍雜詠〉 12수 중 '거연아천석居然我泉石'에서 유래하듯이, 한번 몸을 들이면 누구나 그곳에 기거하고 싶어진다. 사화와 당쟁을 피해 은둔하려는 심정이 어찌 그때, 그들뿐일까. 마음이 탁해지고 시달린다 싶을 때 불현듯 어디론가 피난 가고 싶은 게 인지상정이니까.

자연에 의지한다는 '거연'의 의미처럼 사람에겐 언제나 기댈 곳이 필요하다. 사람은 무릎에, 담벼락에, 나무에, 바위에 몸을 기대며 자란다. 스승과 상사에게 앞길을 맡기고 진실은 정신을 의탁한다. 어깨를 주고받으며 사는 아픔을 달래고 달래주며 나이를 먹는다. 그러다가 신에게 영혼을 기내고 싶어지면 세상 떠날 때가 앞에 다가왔다는 의미다. 그런 게 아니라도 그냥 기댈 곳이 아쉽다. 요산요수라는 멋진 이유 때문이 아니라 내 무의식에도 그냥 편안해지고 싶다는 갈급증이 폭발한다. 그때 화림교 건너 거연정으로 들어간다. 그 어느 날부터 부쩍.

거연정에서는 모든 게 쉰다. 바람과 물줄기도 화림계곡의 다른 곳을 지날 때는 바쁘지만 이곳에서는 그저 완만하다. 물과 숲과 바위와 정자가 어울려 한 폭 병풍이 된 적요가 가득하다. 세상일을 잊어버리니 숨소리와 맥박도 잦아든다. 그래서 천연 바위 위에 좌정한 거연정이 선仙의 형상으로 보일 때가 있다. 백학이 앉아 쉬듯, 꽃 한 송이가 활짝 피어난 듯 그곳에 한나절만 머물면 마음도 그 경관을 닮을 것만 같다. 오죽하면 고종 때 대사헌을 지낸 임헌회任憲晦는 "화림동 명승 중에서 거연정이 단연 으뜸"이라고 기문에 적었을까. 내가 덧붙인다면 거연정이 가장 신비로운 절경일 때는 밤 물소리가 들리는 겨울밤이라고 말하고 싶다.

정자는 안에서 밖을, 밖에서 안을 바라보게 세운다. 굴곡이 심한 천연 바위 위에 그대로 기둥을 세운 거연정은 사방이 열려 있다. 고개를 움직여 쳐다보거나 내려다보지 않고 수평 시선을 주기만 하여도 계원이 고스란히 시야에 들어온다. 평안하고 넉넉한 사람의 품이 이럴 거라고 여겨진다. 서로에게 몸을 기대고, 서로에게 마음 풍경이 될 수 있는 사람이라면 단번에 반할 것이고, '거연아천석'의 구절을 잊지 못할 것이다. 사람이 풍경이 되고 자연이 사람이 되는 곳이 어디 흔한가.

진정 거연정을 알려면 들어야 한다. 거연정이 깨어나는 때는 시린 계곡 바람이 부는 겨울밤이다. 깜깜한 어둠이 밀려오면 세상은 색깔과 모양을 잃는다. 낮에 번쩍이던 욕망의 빛도 어둠에 삼켜진다. 묵墨의 세계는 소리와 감촉 외에는 어느 것도 받아들이지 않는 법, 소리와 촉감만이 살아날 때 밤 물이 일렁이기 시작하는 곳이 거연정이다. 밤이 깊어갈수록 바람과 물과 바위가 사람의 귀와 몸을 빌려 살아난다. 거연정 추녀가 날갯짓을 하고 바위틈에서 시든 풀이 야래향을 피워낸다. 주변 나무들은 바람막이가 되고 붉은 기둥도 꼿꼿하게 전신을 내어준다.

그냥 앉아 있을 수 없다. 일어나 기둥에 몸을 기대니 두 겹 기둥이 된다. 진정 상대를 지켜주려면 어깨가 아니라 전신을 내어주어야 한다. 나무처럼, 집의 기둥처럼, 그리스 신전 기둥처럼, 지붕을 머리에 얹은 목주木主가 되어야 한다. 그때 상대는 비로소 기댈 곳을 찾았다는 안도감을 얻을 수 있다.

몸이 소리를 듣는 건 피가 밤 물로 흐르기 때문이다. 바람이든 물이든 감정이든 모두 미세한 입자들이다. 그 입자들이 어울려 소리를 내고 부서져도 소리를 낸다. 소리를 먹고 사는 사람의 귀는 깊은 밤이 될수록 민감해진다. 그동안 들었던 유호리 개천물이 흐르는 소리며, 구암사 염불 소리며, 선덕왕릉 솔바람 소리며, 황룡사 종소리며, 외진 바닷가 파도 소리며, 리버풀 눈보라 치는 소리며, 터질 듯한 심장 소리며, 하이웨이를 달리던 엔진 소리가 왜 자꾸만 깊어질까 되새김한다. 세상에서 도피하여 풍경 속으로 들어갈 때 오직 하나의 소리만 지키면 된다. 그 소리를 연줄로 모든 소리는 살아나고, 죽음 후에도 분명 들을 수 있을 것이다.

세상엔 물을 사이에 두고 떨어진 사람들이 참 많다. 계곡을 바라보면 한 사람은 이편에 있는데 다른 사람은 반대쪽에서 마냥 기다린다. 그게 낮 사랑이다. 하지만 밤 물소리가 흐르면 그들은 끝없는 연상 속에서 자신을 부순다. 이기심과 욕망을 파쇄한다. 성벽 같은 논리도 분쇄한다. 그때 이해의 경지에 다다른다. 이해한다는 것은 몸마저 부수어 흐르는 것이다. 그 순연의 밤 물이 감싸 보듬어 안은 거연정이 이해의 아름다움이 무엇인가를 그 겨울밤에 들려주었다. 한 칸 판방 같은 마음이 화림동 풍경으로 가득 차고 몸을 기댄 기둥도 따뜻했던 때다.

사람이 마지막까지 기억하고 간직하는 소리는 무엇일까. 밤 물이 조용히 빠져나가면 무엇이 남을까. 지리산 골짜기를 첩첩 지나온 물이 내는 깊은 울음소리를 다시 들을 수 있을까. 몸을 세워 기둥이 될 때가 다시 오긴 할까. 그리고 세상 떠날 때의 마지막 숨이 거연정 밤 물소리를 닮을 수 있을까.

화림교이며 무지개 다리인 홍교虹橋 건너 바위에 핀 부용꽃 한 송이는 오늘도 밤 물소리를 가득 담는다.

카톡 존

오늘도 카톡을 보냈다. 상대방이 잊을 만하면 뜬금없이 안부를 묻는 카톡을 한다. 보내는 횟수는 결코 적다고 할 수 없지만 회신 횟수는 들쭉날쭉, 드문드문 내리는 남쪽 지방의 눈싸라기 같다가, 어떤 땐 한동안 답이 없다. 그래도 주는 쪽이나 받는 쪽이나 개의치 않고 불편해 하지 않는다.

내용이라는 것이 별게 아니다. 계절에 맞춘 꽃소식이 대부분이다. 하얀 찔레꽃이 흐르르 떨어져 몸살이 난다거나, 가을 달맞이꽃이 들판을 맛깔스럽게 가려주고 있다거나, 어쩌다 눈에 띈 시골 동네의 나팔꽃이 시월에 졌다는 내용이다. 열사흘 겨울달이 바다 수면 위에 은빛 윤슬을 짠다는 풍월을 올릴 때도 있다. 이런저런 꽃 이야기, 달 이야기, 바다 이야기를 맞바람 스치

듯 전하고 건강하세요라는 한 줄을 보탠다. 그래서 편지인지 메모인지, 수취인불명으로 취급될 스팸인지 알 수 없다.

2000년대 뉴 밀레니엄이 닥쳐오기 전만 해도 편지가 주요 통신수단이었다. 누구의 편지를 받아도, 별 내용이 아니더라도, 날린 필체일지라도 기분이 훈훈했다. 그런 편지는 아직 나를 기억하고 있구나, 세상이 전혀 삭막하지 않다는 안도감을 준다. 편지를 쓸 동안의 모습이 떠올라 편지지를 손바닥으로 누르면 그것에 붙어온 숨결을 전해 받는다. 서로의 존재를 확인한 증서이기 때문이다.

한때 인편 소식이 동원되기도 했다. 페르시아와의 전쟁에서 거둔 승리를 전하기 위해 그리스 아테네로 쉬지 않고 달려온 병사는 승전보를 전하자마자 죽었다. 아메리카 대륙에서는 동서 대륙을 가로질러 우편배달부들이 밤새도록 릴레이 식으로 말을 타고 달렸다. 우리나라에서도 파발꾼이 서울로 달렸고 동네 젊은이들이 숨가쁘게 부고를 전하느라 산을 넘었다. 빨간 우체통과 집배원이 오래도록 마을과 도시를 잇는 전서구였다. 그들이 사라졌다. 도시 우편배달부도 〈메디슨 카운티의 다리〉 같은 영화에서나 볼 날이 멀지 않을 것이다.

요즈음에도 편지가 오가긴 한다. 문인보다는 대부분 연락이다. 행사 초청장이나 회비를 내라는 독촉이거나 책이 든 우편물들이다. 결혼식 청첩장 아니면 세금 고지서이다. 관공서 출두라면 편지 형식이라도 기분이 좋지 않다. 그런 추세 탓인지 편지가 반갑기보다는 속 떨릴 내용일까 싶어 발신처를 먼저 살핀다. 편지라는 말이 정나미 떨어지는 말과 같아진 듯하여 슬프기만 하다.

이젠 전 지구가 카톡 존에 들었다. 남극부터 북극까지, 런던에서 콩고까지, 카톡이라는 보이지 않는 통신매체가 인류를 연결한다. 광속도이어서 대용량도 단숨에 전해준다. 빠른데다가 편리하기 이를 데 없고 비용도 전혀 들지 않으니 빈자도 마음껏 사용할 수 있다. 카톡카톡 소리에 눈을 뜨고 귀를 기울이고 정신을 차린다. 잠시 혼자가 아니구나 하는 안도감을 준다. 한동안 조용하면 외톨이가 된 기분에 빠진다.

요즘 카톡이 갈수록 진화를 거듭하고 있다. 거리 불문에 시간차도 뛰어넘는다. 문자 외에 갖가지 사진과 동영상까지 첨부할 수 있어 굳이 사람이 갈 필요가 없다. 신의 음성보다 더 전지전능하다고 할까. 성경에 이르기를 신을 능가하려는 인간을 흩트리기 위해 같은 말을 사용하지 못하도록 하여 결국 바벨탑 건립이 무산되었다고 하지만 간특한 인간은 바벨탑 대신에 송전탑을 세워 지구에 완벽한 소통체계를 구축하였다. 어떤 사람들은 첨단 기기에 중독되어 단 반시간만이라도 누군가에게 연락하거나 연락 받지 못하면 불안해진다. 화장실에 가는 그 짧은 시간조차 폰을 가지고 들어가기도 한다. 오지 않는 연락을 기다리며 연신 조그만 기물에 주목한다. 이런 세류를 따르다 보면 이젠 죽을 때까지 신의 말이 아니라 카톡 메시지에 의탁하여야 한다는 것을 절감한다.

카톡이 편리한 것만이 아니다. 보낼 때 받는 사람이 어떤 상황인지 알 수 없다. 어떤 일에 바쁠 수도 있고 말 못할 힘든 상황에 빠져있을 수 있다. 세상과 절연하고 죽은 척, 응답하지 않는 때도 있다. 카톡을 받고 싶지 않은 상대방도 있다. 다른 심적 상황으로 서로가 어긋난 경우도 있다. 발신자는 상대방에게 말하고 안부를 묻고 싶지만 수신자는 귀찮게 여긴다. 악플보다 무풀이 더 큰 폭력이라는 표현에 공감하고 한동안 응답이 없으면 소외당한 배신감도 갖는다.

카톡 남용과 오용에 질려 불통과 단절을 취하기도 한다. 카톡 기계음 소리는 차갑고 냉랭한 인간사회를 보여준다고 여기면서 자신의 감정을 쉬 드러내지 않으려 한다. 그래서 아예 스마트폰을 꺼버린다. 자신의 존재를 무연無緣의 심연 속으로 빠뜨리고 세상의 모든 것과 절연하려는 것이다.

그런데 마음대로 조절되지 않는 게 사람의 감정이다. 하루, 이틀 아무런 기별이 없으면 불안해진다. 보낸 카톡이 제대로 갔는가, 혹 내가 보낸 문자에 맘이 상했나, 하루에도 서너 차례 확인하면서 며칠 동안 수신표시가 없으면 괜히 허둥댄다. 무슨 일이 생겼는가. 단 몇 초만 손가락을 움직이면 되련만 그 짧은 짬을 내주지 않는 감정이 도대체 뭘까. 부화가 난다. 일부러 골탕 먹여 서로 무심해지자는 신호인가, 좀생이 마음까지 생긴다.

그러다가 결론에 다다르기도 한다. 심리전에 걸렸다. 내 행동을 원격조정하면서 환하게 들여다보고 있다. 내 소심증을 자극하려는 장난의 거미줄에 걸린 것이다. 반대로 정말 바쁜 거다, 손가락 하나 제대로 놀릴 수 없을 정도로 지친 거다,라는 생각이 든다. 나도 집중할 일이 있으면 사흘 정도 답을 못할 때가 있지 않은가. 카톡카톡 소리에 널뛰는 심사가 야속하지만 내가 먼저 시작한 일이니 어쩔 수 없다.

그렇게 사흘이 지났다. 급한 일을 마무리하고 틈을 내어 무음으로 처리한 요물 카톡을 열어본다. 답이 와 있다. 사람은 어디서든 거창한 일이 아니라 작은 일에 온 신경을 곤두세우고 마음을 졸이며 살아간다. 부산도, 홍콩도, 런던도, 리오도, 엘에이도 마찬가지다. 카톡 존에 거주하는 사람들은.

매듭 인생

사람은 평생 일하며 살아간다. 남자는 사회나 국가를 위해서 일하고 배우고 산다고 하지만 모두 자신을 위한 것이다. 자신의 존재를 지속적으로 높이려는 욕망이 없으면 삶은 의미를 상실한다. 여자보다 남자에게 인생의 분기점은 중요한 계기로 자리한다.

뭐든 한꺼번에 하려면 힘이 든다. 고추든 무든 옥수수든 자루에 넣을 때는 너절하고 울퉁불퉁하지만 매듭을 야무지게 묶으면 자루가 탄탄해지면서 반듯하게 선다. 생전에 어머니는 명절날이면 자식들에게 줄 갖가지 양념과 감자와 채소를 자루에 담으며 매듭을 잘 묶어야 모양도 예쁘고 가지고 가기 쉽나 하셨다. 지금 생각하면 인생 자루도 하나하나 잘 묶으면 다음 일에 힘이 덜 든다는 걸 알게 되었다. 인생도 분기별로, 매듭별로, 차례차례 처리하면 살 만한 것 같다.

입대는 국방의무를 수행하는 것이면서 남성으로서 자질을 습득하는 일종의 성인식이다. 전우와 살아가면서 책임감, 동료애, 봉사심, 국가관도 습득한다. 이젠 대학을 졸업한다. 대학졸업은 학업을 마치는 그레쥬에이션graduation이 아니라 인생 공부를 시작하는 커먼스먼트commencement다. 대학을 졸업하면 스스로 살아야 한다. 직장을 구하여 노동하여 돈을 번다. 부모 슬하에서 벗어나 생산 주체인 호모 라보르가 되는 시점이다. 자본주의 사회이든 사회주의 사회이든, 농경 사회이든 정보 사회이든, 일 자체가 갖는 존재적 의미는 참으로 크다.

다음에는 결혼이다. 분가分家라는 말처럼 독립세대주로서 자신의 가족을 부양한다는 의미이다. 임신 10개월 만에 출산하는 여자와 달리 남자는 임신이 무엇인지 이해하기 힘들다. 그런데 자신의 피와 살과 DNA를 이어받은 조그만 분신을 두 눈으로 대하는 순간, 잠시 어지럽다. 어느 순간에 가장이고 남편이고 아버지가 되었다는 현실이 두렵고 불안하다. 겁도 난다. 그때 도망칠 곳이 어디에도 없다고 생각하는 것만으로도 훌륭한 남자가 될 수 있다. 부모 집에서, 학교에서, 군대에서, 직장에서 익힌 모든 경험이 책임감을 준다. 용기도 준다.

남자의 삶은 나무의 일생과 비슷하다. 씨에서 싹을 틔워 튼튼한 가지를 뻗치고 꽃을 피우고 열매를 맺는다. 아름드리로 자라 주변 숲을 보호하며 주어진 일을 마무리했다는 홀가분한 마음으로 땅으로 돌아간다. 그동안 얻은 호칭만으로도 뿌듯하다. 아들, 직장인, 전우, 동창, 남편, 사위, 가장, 아버지, 그리고 장인, 시아버지, 사돈……. 이게 사슬이든 고리이든 몸에 감고 살아가야 한다.

이런 과정에서 마음대로 안 되는 게 자식 농사이다. 농사는 일한 만큼 거두는데 자식 농사는 뜻대로 안 된다. 정말 만만치가 않다. 자식 농사에는 어쩔 수 없는 조건과 변수가 많다. 예로부터 가장은 그 문제로 더욱 골머리를 앓는다. "자식이 생겨도 골치다. 남의 자식은 가르쳐도 제 자식은 못 가르친다. 무자식이 상팔자다. 자식이 웬수다."라고 한탄하곤 한다. 그런데 자식 없는 사람이 이렇게 말하는 경우는 거의 듣지 못하였다. 자식 가진 사람이 남 위로한다고 하는 말이다. 그 불가해의 상황을 풀이하기 위해 인간들은 신의 섭리나 인연으로 부른다.

나는 자식 농사에서는 운이 좋은 편이다. 남들이 그렇게 말하고 나도 부처님과 조상님 덕분이라고 여긴다. 딸자식을 두면 비행기 타고 아들을 두면 리어카 탄다는 우스개도 있지만 그건 추후에 걱정할 일이다.

아들 둘을 두었다. 결혼한 후 일 년 만에 득남하고 연년생으로 두 번째 아들이 태어났다. 결혼한 내 형제들이 모두 딸을 낳아 자랑하기가 뭣하지만 잘 자라 주었다. 공부 때문에 잠시 걱정했지만 나름대로 진로를 잘 개척하여 큰놈은 제 분야에서 독보적인 존재로 자리 잡으면서 돈 잘 벌고, 둘째 놈은 미국에서 보람을 찾으며 직장생활을 잘하고 있다. 둘 다 교육 분야에 있는데, 나보다 더 실력이 있어 두 아들을 생각하면 마음이 흐뭇하다. 이만하면 됐다.

자식 욕심은 다다익선은 아니지만 가능하면 구색을 갖추면 더 좋다. 아들딸이 있고 손자손녀가 있고 친손자 외손녀가 있으면 몇 명인가는 별로 문제가 안 된다. 조상님께 예를 다했다는 자부심이 생기고 자식복이 있어 제삿밥은 얻어먹겠다는 안도감이 생겨서다. 종족보존이나 족보 등은 딱딱하니 그런 말은 보류하자.

둘째 아들이 먼저 결혼을 했다. 한 해 반 터울로 첫째 아들도 결혼했다. 서로 좋으면 된다는 생각으로 허락했다. 내가 그렇게 했으니까 자식들도 잘하리라는 믿음이 있었다. 장손이 때맞춰 태어나 할아비가 되었다. 그 이름 앞에서는 권위나 체통이나 체면이 필요 없다. 내 친구들도 모두 그랬다. 인생사에서 할아버지만큼 높은 벼슬이 없다. 첫손자를 낳은 며느리가 고맙기만 했다.

미국에 있는 둘째 며느리에게서는 7년이 지나도 소식이 없었다. 대놓고 걱정할 수도 없어 행복하게 살면 된다고 말은 하지만 속은 그게 아니었다. 둘째 며느리인들 어찌 편안할까. 그냥 눈치만 보는데 어느 날 유산을 했다는 소식을 울먹이며 전해주었다. 가슴이 아프지만 아들과 며느리가 더 속상하지. 나이도 적지 않은데, 할 일은 기도뿐이다. 절에 갈 때나, 제사 때마다 부디 손孫을 보게 해주시소 간절히 빌었다. 나중에 또 빌 것이 있을지 모르지만 부처님과 조상님에게 드리는 마지막 부탁이라고 했다. 마침내 다시 임신을 했다는 소식이 들려왔다.

과학이 발달하여 태아가 여아라고 전해왔다. 첫째 며느리 몸에서 둘째 손자가, 둘째 며느리 몸에서 첫손녀가 자라니 더욱 처신에 조심했다. 내 형제들에게는 이 소식을 자랑할 수 없다. 그렇게 조심스러운 10개월이 지나고 5월에 둘째 손자가 태어났다. 이 소식을 미국 아들과 며느리에게 전할 수 없다. 더더욱 조심하고 기도할 수밖에 없다. 그 해 12월 크리스마스를 앞두고 어여쁜 여아 세리가 무사히 태어났다.

나이 일흔에 엄청난 선물을 받았다. 두 손자와 한 손녀를 가진 할아비가 되었다. 어느 정도 니이별 임무를 거의 마쳤다는 안도감이 밀려왔다. 남은 것은 세월바람을 받으며 잘 살다 가는 거다. 친구들과 주고받는 말이 있다. 사는 게 별거 아니다. 나이에 맞게 하나씩 매듭지으며 살아가는 것이다. 그게 인생이다.

황색 애보리진

20여 년 전, 한국과 반대쪽에 있는 호주에서 10개월을 산 적이 있다. 오래전이고 1년이 채 되지 않는 짧은 기간이지만 벌겋게 화상을 입어 평생 사라지지 않을 상흔처럼 그 때를 잊지 못한다. 그곳에 있었을 때, 그리고 돌아왔을 때, '거기'와 '여기'의 공간적 차이를 절감하면서 원시 자연에 다시 빠져든다.

변했다. 매미 허물 벗듯이, 사람들은 누군가 일순간에 변하는 것을 두고 환골탈태했다고 한다. 그런데 나의 경우는 내 마음을 가리고 있던 허깨비 가면이 벗겨진 것이었다. 문명이 베풀어주는 타성과, 사회적 직책이 주는 체면과, 제임스 조이스가 그토록 벗어나기를 갈망한 가족과 교회와 국가의 족쇄에서 벗어나 홀가분해진 해방감이었다. 애보리진을 만났기 때문이었다.

그들은 새카맸다. 머리부터 발끝까지 붉은 혀와 벌건 손바닥을 제외하고는 전신이 아프리카 흑인보다 더 검은 인종이었다. 오죽하면 백인들이 그들을 포획하여 유럽으로 끌고 가서 원숭이처럼 관람료를 받고 구경시켰을까.

그들은 고대 문명부터 현대 문명까지 수천 년을 검은 몸뚱이로 살아간다. 아직도 그들만의 축제 때에는 나뭇가지를 비벼 불을 피우고, 돌창으로 캥거루를 잡고, 열매를 따 먹는다. 그러면서 콜라를 마시고 약을 먹으며 자동차 매연에 시들어간다. 나는 코알라 같은 그들의 눈동자를 지켜보고, 타르보다 검은 그들의 발꿈치를 뒤따르며, 그들의 검은 빛에서 수면 같은 안식을 얻었다. 마치 석벽 속의 조각이 환생하여 천년의 이야기를 전하려는 인류 조상 같아 그들의 몸말에 귀를 기울였다. 자연의 숭고함과 신화의 경건함이 그들에게 있었다.

내게 그들은 호주를 신화의 대륙으로 만든 문인들이었다. 예술가이면서 묵상의 종교인들이었다. 사막과 바다에서 펼쳐지는 경이로운 풍경을 지켜보면서 삶과 자연과 우주의 비밀을 풀어나갔다. 하늘을 나는 독수리의 비상에 경탄하고 목을 축일 샘을 찾아낸 행운에 감사하였다. 그들은 내게 마을을 지켜보는 바위산 구멍에 사는 거인이 누구이며, 어두운 숲속에 사는 요귀가 아이들을 납치해 간다는 이야기를 들려주었다. 그리고 나지막

한 어조로 "우리가 사랑하는 이들이 어디로 갔느냐." 하면서 죽은 피붙이를 기억하는 방법도 일러주었다.

신화는 본질적으로 상상이다. 상상력으로 짜인 신화는 인간의 삶을 체계화한 이야기로서 금세기의 현대인에게 조언을 주는 경전이자 탈무드이기도 하다. 지구 종말의 그 날까지 인간의 행복과 위안이 진정 무엇임을 이야기한다. 우룰루 바위틈에서 빠져나와 그들도 짐승을 잡고, 밭을 갈고, 아이를 낳고, 죽는다. 직립 호모사피엔스의 삶을 신을 통해 신화로 바꾼 게 아닌가.

나는 신화 작가가 되는 꿈을 꾸기로 했다. 작가는 먹고 마실 빵과 술을 얻지 못하더라도 노래하고 말하고 싶어 한다. 카자크족 출신의 작가 무흐타르 아우조프도 신화 시인을 "아킨은 하루 종일 길고 긴 노래를 불렀고 중간에 쉴 때는 현자들의 격언을 소개했다."라고 했다. 나는 글을 쓸 때면 진정 애보리진이 되고 싶다는 생각에서 빠져나오지 못한다. 작가에게 필요한 것은 묵상 속의 상상이 아닌가.

수필은 신화와 사촌이다. 수필은 질문과 답변의 자술서이니까. 별똥별이 떨어지는 것을 보고 친구의 죽음을 생각하고 모기 한 마리의 공격에서 인간의 이기주의를 풀어내려는 말하기가 수필이다. 동편 햇살을 받으며 깨어나 별똥별이 쏟아져 내리는 밤의 적막으로 들어설 때 왜 여기에 진즉 오지 못했을까를 자책

하는 나. 그 해답을 꿰어 내는 게 내겐 수필이다.

신화를 갖지 않은 민족은 없다. 지구상의 수십억 사람 중에서 개인의 신화를 갖지 않은 사람도 없다. 신화를 지니지 못한 민족이 불행하다면 자신의 이야기로서 수필을 갖지 못한 사람도 불행하다. 나는 그렇게 믿으려 한다. 수필에 대한 과잉 충성이나 맹목적 애정이 아니라 사실이 그렇다.

지금도 나는 주차장 위로 펼쳐진 밤하늘에 초승달이 떠 있으면 대구 방천둑을 걸어 집으로 돌아오던 고교시절을 떠올린다. 그 순간은 공부라는 절박한 현실에서 벗어날 수 있는 상상의 틈새 자유였다. 호주에 있었던 기간도 그때만큼 행복한 시간이었다. 그 후 태평양 해변에서, 외진 호숫가에서, 더 동떨어진 황색 무인도에서 동일한 자유를 얻곤 했다. 그래서 난 행복하다. 만일 한 번만 더 그 절대적 고독과 자유가 주어진다면 수명이 그만큼 단축되어도 애석하지 않을 것 같다.

호주를 떠나온 지 이십여 년이 지난 후, 남미로 갔다. 한 달간이었지만 다시 애보리진이 되었다. 마추픽추 고대 도시의 절벽 끝에 서서 까마득한 강줄기를 내려다볼 때, 파란 초승달이 땅에 뜬 우유니 소금호수를 걸을 때, 해발 4,500m에 있는 티티카카 호수를 건널 때, 그리고 밤새 고산병에 시달리며 볼리비아 고원을 횡단할 때, 황토색 피부가 이곳에 어울린다는 사실에 행복했다.

지금도 종종 불현듯 호주의 애보리진과 남미의 원주민과 중앙아시아의 유목족이 생각나면 바닷가로 달린다. 그곳에 오래 앉아, 부처처럼 앉아, 유랑 종족들을 생각한다. 니체의 《인간적인 너무나 인간적인》 책에 나오는 "잠과 꿈을 통해 우리들은 고대인의 생각을 읽을 수 있다."라는 구절을 되살린다. 제 땅에 살고 있는 토착민을 회상하면 모든 인간이 나의 사촌이라고 믿게 된다.

난 흑인이 아니라도 그들의 사촌 같은 황색 애보리진이 되고 싶다.

2부 백화화쟁百花和諍

이제, 그대들을 위해 수십 폭 휘장을 치려네. 휘장마다 초혼 시구를 적겠네. 대웅전 벽에 그리는 심우도처럼, 멱 감던 동자 때부터 배필을 만난 청춘이 나라의 부름으로 망치 들고 떠나던 장골의 모습. 향 피어 올리며 다보탑 쌓던 석수의 손. 영지에서 그림자로 죽은 아사녀. 마침내 이룬 성불의 천국. 한 길 휘장마다 한 잔 술과 한 가락의 노래를 수놓으리니. 모퉁이마다 불도 밝히리. 환등幻燈.

— 〈연지蓮池의 환幻〉 중에서

백화화쟁百花和諍

입춘과 우수가 지나면 봄이 본격적으로 밀려온다. 천지사방에서 꽃송이들이 연이어 터지고 싱그러운 세엽細葉이 무성해지면 계절의 변화에 무딘 사람조차 한번쯤은 "봄이 왔네!" 하고 거든다. 그럴 쯤이면 춘래불사춘春來不似春이라는 말도 무색해진다. 대자연의 변신을 경이롭게 바라보면서 사람들은 봄이 늦다고 불평하였던 자신의 투정을 쑥스러워한다. 인간의 가벼운 마음을 경고하려는 듯, 춘래불사춘의 의미도 봄이 아니라 간절히 기다리는 그 무엇이 오지 않을 때를 지칭하는 말로 바뀐다.

봄에 가장 먼저 피는 꽃을 영춘화迎春花라고 부른다. 봄을 맞이하는 첫 꽃은 가늘디가는 줄기 허니에 긴 겨울을 몰아내려는 화등花燈을 내건다. 그래도 사람들은 꽃이 제때 피지 않는다거나 찔끔찔끔 핀다고 투정을 한다. '봄이 왜 안 오냐, 봄이 왜 늦냐.' 도시화가 진행되면서 제비의 내방이 사라져버린 터에 '영춘일화인래백화개迎春一花引來百花開'라는 말만 남아있으니 봄꽃에 대한 벅찬 기대가 이해가 되긴 한다. 그래서 봄맞이꽃은 다른 꽃들에게 이제 피어나도 괜찮다고 일러주는 역할을 맡는다. 봄의 진격을 알려주는 전령사이고 나팔수인 만큼 사람들의 경탄과 존경을 받기 마련이다.

세상 만물의 등장과 퇴장에 순서가 있다. 인륜으로 말하면 장유유서이고, 생명체에 견주면 생로병사라 하겠다. 우주에도 천지창조와 블랙홀이 있다. 봄꽃도 순서에 맞추어 등장하는 것이 순리다. 만일 갯버들의 움이 돋지 않았는데 산수유가 성깔을 부리면 반칙을 하는 것이다. 붉디붉은 도화가 희디흰 매화보다 일찍 벙글지 않는 것도 그들의 세계에서 지켜지는 무언의 신사협정이다.

요즈음 그 법칙이 무너졌다. 예외 없는 규칙이 없다지만 봄꽃들이 기분 좋은 음모를 꾸민 듯이 한꺼번에 피어난다. 이것을 지켜본 사람들은 꽃들이 반란하네, 발광하네 하며, 걱정 반 경탄 반의 말을 내던진다. 이유가 무엇이든 요즘의 봄날에 한껏 꽃향기를 즐길 수 있어 고맙다. 산수유 한 줄기, 목련 한 송이……. 달빛 머금은 배꽃만 만나도 반가운 터에 한꺼번에 찾아와 주었다.

한반도가 온대에서 아열대로 변한 기후 탓도 있지만 새치기하지 않으면 기회가 없다는 불안감이 영춘화의 뒤를 이어 차례대로 피어나야 할 꽃들의 머릿속에 입력되었는지도 모를 일이다.

꽃들의 폭동만큼 아름다운 풍경도 없다 싶다. 개나리가 봄기운을 느지막이 알려주는가 싶더니 산수유가 '나도' 하며 일어선다. 섬진강 매화마을이 백야를 맞이한다는 소식이 잦아들기도 전에 늙은 벚나무 줄기에 연분홍 꽃송이가 훈장처럼 달린다. 때맞추어 깔끔한 차림새로 서있는 목련이 흰 종을 울린다. 야트막한 산기슭에 숨어있던 진달래가 말간 가슴팍을 헤집는가 하는데 양지바른 비탈에선 배꽃 무리가 흰 이불을 펼친다. 복숭아 과수원에서 복사꽃이 추파를 날리고 조팝나무가 시골길을 따라 하얀 천 자락을 늘어뜨린다. 그런가 하면 외진 산길에서는 찔레꽃이 숨은 눈물을 흘리고 밤꽃이 요란을 떤다. 그렇게 올봄에 나는 꽃들의 동시출현을 가슴 아프도록 즐겼다. 하지만 왠지 마음이 가볍지 않다.

백가쟁명百家爭鳴이란 말이 있다. 사상가들은 옛 중국 대륙이 혼란에 빠졌을 때 천하통일을 이룰 수 있는 방책을 두고 논란을 벌였다. 그들은 부국강병과 회맹정벌會盟征伐을 실현하기 위해 자신의 견해를 내세우면서 다른 주장을 배척하였다. 자신을 먼저 다스리는 것을 수기치인修己治人이라 한다면 백가쟁명은 천하를 움켜쥐는 것을 목표로 삼는다. 평화보다는 전쟁을, 화합보다는 논쟁을, 수용보다는 정쟁을 좇는다. 당연히 백가쟁명이 지닌 어감이 조용하지도 평화롭지도 아름답지도 않다.

수년 전부터 봄꽃들이 함께, 더불어, 사이좋게 핀다. 제주도에서 서울까지 뭇 봄꽃들이 일심으로 화평한 웃음을 터뜨린다. 나는 그 광경을 들여다보면서 백화화쟁百花和諍이라는 말을 떠올렸다. 백화百花라는 뭍꽃과 화쟁和諍이라는 마음이 합친 것이다. 봄에 피는 꽃들이 백 가지가 넘으련만 나와 시선을 마주한 것은 기껏 십여 종류다. 가만히 헤아려보니 봄 나무만으로도 개나리, 목련, 산수유, 매화, 벚꽃, 진달래, 배꽃, 이팝나무, 복사꽃, 찔레가 떠오른다. 봄에 내가 본 꽃이 이 정도이지만 사철 둘러보면 백화百花가 아니라 천화千花, 만화萬花이다. 그 개개의 존재가 꽃꽃꽃, 말말말, 마음마음마음이다.

화쟁이라는 말이 새삼 귀하게 여겨지는 시절이다. 신라의 자장율사를 거쳐 원효대사가 집대성한 화쟁은 우리나라 불교의 기본 사상인 평등일심을 일컫는다. 신라의 불교 이론가들이 자신의 교리만 옳고 다른 이론들은 틀리다고 주장하였을 때 원효는 경전을 폭넓게 이해하면서 차별 없는 불법을 펼쳐냈다. 백가쟁명을 화쟁사상으로 바꾼 것이다.

꽃花은 '풀 초草'에 '될 화化'가 합친 말이다. 풀이 꽃으로 변하면서 봄이 왔음을 알려준다. 봄꽃이 이루려는 화和는 무엇일까. 겨울 동안 꽁꽁 언 마음을 녹이고 웅크린 자세를 풀어 함께 살아가는 사상일 것이다. 꽃들을 지켜보면서 원효대사가 일으킨 불법을 새삼 생각해 본다.

봄을 맞이하여 도처에서 영춘화가 핀다. 꽃잎을 열어 말을 하건만 사람들은 개화의 속뜻을 쉬 알지 못한다. 매화가 맺혀도 마이동풍이고 벚꽃이 피어도 서로에게 냉랭하다. 배나무 줄기마다 하얀 꽃이 얹히건만 아직 등 돌리고 복사꽃이 피를 토하듯 외쳐도 서로의 거리는 여전히 멀다.

참다못한 꽃들이 거사를 일으켰다. 사람들의 속 좁은 마음을 움직이기 위해 화쟁 작전을 세웠다. 노랗고 희고 붉은 언어가 가지마다 피어있다.

꽃꽃꽃, 그 하나하나가 설법보다 귀한 말씀이다.

'그러나'를 위한 변명

세상은 이음새로 붙어 있다. 천지 사이에는 지평선이 있고 하늘과 바다 사이에는 수평선이 있다. 남녀 사이에는 아이가 있고 늙음과 어림 사이에는 젊음이 끼어있다. 만일 둘 사이에서 서로를 붙여주는 중간자에 없다면 세상은 늘 아비규환을 치를 것이다.

말도 마찬가지이다. 말이란 원래 확 뱉는 것이다. 언어학적으로 분석하면 말은 단음에서 시작하였다. 빙하기 말기에 태어난 원시인들이 울창한 들판을 쏘다니다가 무시무시한 동물을 만나면 "악!" 하고 도망을 쳤다. 만만한 사냥감을 만나면 "얼씨구." 화살을 날렸고, 예쁜 여자 원시인과 마주치기라도 하면 "어어." 하고 말문이 막히곤 했다. 원시언어는 설명이나 묘사보다 어조나 어감으로 상황을 전달하였다는 의미가 된다.

그런데 인간은 무리를 만들면서 점점 사회적 동물이 되었다. 말도 많이 하고 표현의 맛을 느끼기 시작했다. 고민거리가 생기면서 남과 이야기를 나누는 시간이 많아졌고, 마음대로 일이 풀리지 않으면서 혼자 중얼거리게 되었다. 철학적 인간이 태어난 것이다. 나아가 빈말과 헛말과 거짓말이 횡행하고 은유와 비유라는 수식어가 곁들이면서 몸싸움보다 무서운 말싸움이 생겨났다. 문학적 인간이 태어난 것이다. 남자들은 말재주가 좋으면 세 치 혀를 굴려 먹고살 수 있음을 알았고, 여성들은 말솜씨로 남자를 녹이고, 싸움을 붙이고, 심지어 그들을 지배할 수 있음을 체득하게 되었다. 태초에 "말이 있었다."가 입증된 것이다. 따지고 보면 최초의 세계대전인 트로이전쟁도 아름다움을 다투던 세 여신 사이에 벌어진 언쟁 때문이 아닌가.

말이 많으므로 엉뚱한 문제가 생겨났다. 혀가 제멋대로 구르면서 머리와 가슴이 시키지 않은 설익은 말까지 하게 되었고 쏘아버린 화살처럼 주워 담을 수야 없지만 앞말을 바꿀 수 있는 방법을 궁리하게 되었다. 그때 생겨난 신통한 연결어가 '그러나'이다.

널리 알려진 천문학자인 갈릴레오는 '그러나'의 덕을 가장 많이 본 사람에 속한다. 그는 코페르니쿠스처럼 지동설을 주장하다가 종교재판에서 사형선고를 받을 위기에 부닥치자 태양이 지구 주위를 돈다고 말을 바꾸었다. 하지만 그는 진리를 지켜야 할 과학자였다. 목숨을 건진 후 재판장을 나오면서 "그러나 지구는 계속 돈다."고 슬며시 입장을 바꾸었다. 그 후 그는 '그러나'라는 세 음절로 생사 기로에서 말의 수사학의 덕을 본 저명인사 중의 한 사람이 되었다.

'그러나'는 앞서 한 말이 아니라 뒤에 따라 나올 말이 본심임을 일러주는 접속사다. 변명과 회피와 면피의 '그러나'는 인간이 처음 만들어낸 말이 아니다. 당연히 하느님이 창조하여 인간에게 물려주었다. 그분도 당신이 한 일이 뭔가 잘못되었다고 느껴 '그러나'라는 말을 사용하셨다.

〈창세기〉 제1장은 우주 생성 과정을 그리고 있다. 창조주는 "빛이 있으라 함에 빛이 있었다."라고 하여 무엇보다 말의 힘을 강조한다. 빛에서 사람까지 창조 작업을 하는 동안 되풀이 사용한 접속사는 '그리고'이다. 하늘 그리고 땅을 창조하고, 낮 그리고 밤을 만들었다. 하늘과 물도 구분하였다. 그런 다음……, 그런 다음……, 이렇게 하나씩 천지를 만들어 갔다.

흥미로운 부분은 〈창세기〉 제6장 18절로 노아의 홍수에 대한 내용인데 '그러나(BUT)'라는 접속사가 나온다. "내가 홍수를 땅에 일으켜 무릇 생명의 기운이 있는 모든 육체를 천하에서 멸절하리니 땅에 있는 것들이 다 죽으리라. 그러나 너와는 내가 내 언약을 세우리니 너는 네 아들과 네 아내와 네 며느리들과 함께 그 방주로 들어가고…….” 그렇게 여호와는 ‘그러나’라는 참으로 기묘한 말로써 예외 규정을 두어 노아 가족을 홍수의 벌에서 벗어나도록 허락한다. 노아와 더불어 ‘그러나’라는 말을 만든 것이 우연일까, 필연일까 궁금하다.

신은 인간을 창조할 때가 아니라 멸절할 때 ‘그러나’라는 말을 사용한다. 흙으로 인간을 괜히 창조했다는 불편한 심사를 실토하신 것일까. 사람이든 신이든 실수를 한다는 사실을 일부러 보여주려 하신 것일까. 자신보다 약하고 못난 자를 ‘그러나’라는 말로 용서하라는 지침을 내린 것일까. 전지전능한 신도 실수를 하고 다시 인간을 용서했다면 인간이 인간을 이해하고 너그러이 받아주는 것은 너무나 당연하다.

허다한 말 중에서 ‘그러나’만큼 마음을 편하게 해주는 게 없다. “너 정말 그렇게 하면 안 돼.” 이런 말을 되풀이할수록 세상 살아가는 게 힘이 들고 상대와의 거리는 점점 멀어진다. 그때 ‘그렇냐’라고 어조를 바꾸어 천천히 말해보면 모든 상황이 일순간에 달라진다. 우연이지만 정말 놀라운 건 ‘그렇냐’의 발음이 ‘그러나’와 아주 비슷하다는 것이다. 어떤 때는 똑같이 들린다. 하지만 의미 차이는 하늘과 땅이다. ‘그렇냐’는 지금까지의 자기

입장을 버리고 상대를 이해하는 방향으로 심적 이동하는 것이다. 반면에 '그러나'는 자신의 입장을 고수하면서 상대에게 은혜를 베풀어주는 방식이다. 둘 다 '안 돼.'로부터 '그럴 수도 있지.'로 마음이 변하는 점에서는 동일하지만 주체와 타자 관계는 완전히 다르다.

신이 인간을 긍휼히 여겨 '그러나'라는 예외의 말씀을 하셨을지라도 인간은 '그렇냐'를 쓰면 어떨까 싶다.

연지蓮池의 환幻

경주 동리목월문학관에서 계단을 내려가면 길 모퉁이에 조그만 연못이 있다. 사방이 막혀 물이 잘 순환되지 않고 잡목들이 빙 둘러 햇볕도 잘 들지 않는다. 게다가 석굴암으로 넘어가는 도로가 바싹 붙어 매연과 엔진 소리가 연중 그침이 없다. 흐르던 물이 고인 듯 불품이 없다.

아사달 아사녀 전설이 그 연지에 있다. 불국사가 지척이고 문학관을 지을 즈음 전설의 장소 하나쯤 가까이 두자 하여 비좁은 계곡을 막고 연꽃을 심었다. 하지만 만들 때와 달리 손길이 가지 않아 버려진 모습이 처연하다. 한여름이어도 기껏 영양실조에 걸린 너댓 송이 백련과 홍련만 핀다. 전국 관광지마다 거창한 연지를 만들어 연꽃축제를 벌이는 판에 궁색한 이곳에 누가 찾아오겠는가. 게다가 아사달 아사녀의 전설이 있는 영지影池가 버젓이 경주 외동읍에 있는데 누가 이 초라한 못으로 올까. 이미 인적 끊어진 지 참으로 오래다.

문학관에 강의를 하러 가면 일부러 연지로 가는 계단으로 내려간다. 비가 내려도, 고인 물이 푸르죽죽하여도 그곳으로 간다. 변함없는 사랑의 영지影池이고 혼령을 영접하는 영지靈池이므로. 비 내리는 여름이면 주변은 마치 묵默의 세계인 듯하다. 그 때 두 혼령이 물속에서 솟아오른다. 환몽幻夢.

보시게

반가우이. 장맛비가 그치지 않아도 대지는 여전히 뜨겁고 토암산 기슭 기운은 서늘하여 가슴 울렁이네. 여름비가 온몸을 적실지라도 물줄기 흐르는 땅바닥을 맨발로 딛고 싶을 걸세. 비파현을 지그시 누르는 악력 같은 마찰이 발바닥에서 느껴오네. 바람에 떨어진 버들잎들이 가지에 걸렸다가 다시 떨어지네. 잎과 줄기가 희롱하고 있지 않은가. 그건 회자정리. 어떡하겠나. 정분이란 그래도 보고프고 보고픈 것. 환시幻視.

들으시게

그때 계림에도 비가 내렸지. 연꽃도 피고 빗줄기에 잎이 떨어지고 나무줄기 따라 빗물이 주룩 흘러내렸지. 손에 쥔 망치질 멈추고, 비의 강림을 지켜보았을 테지. 미완의 석탑은 우비로 가리지만 그대를 기다리는 여인은 맨몸으로 비를 맞고 있지 않는가. 연지에 피어난 한 송이 백련도 맨몸으로 비를 맞고 있으니. 그들은 비가 오면 더욱 목마르고 비를 맞으면 더욱 뜨거워지는 육신. 나뭇잎들이 떨리는 건 외롭다는 언어. 여름은 망치질 도끼질하기에 버거운 혹서의 계절이니 말일세. 환청幻聽.

오시게

입던 옷 그대로, 머리카락 휘휘 날리며 이곳으로 달려오시게. 부처의 세계인 화엄정토를 빠져나와 세상의 사랑 찾아 나오시게. 일주문 미루나무 너머 건너편에 그녀가 있으니 비바람을 개의치 말고 달려오시게. 도랑에 넘치는 물소리가 그대 발걸음 소리 묻어주고 단풍보다 붉은 전각이 그대 몸 가려주리니. 청운교 백운교에도 인적 없으니, 그대만 빗물 주르륵 흘리는 살아있는 나무. 사랑 찾아 달리는 나무. 만남으로 사는 인간은 모두 빗속에 벌거벗은 나무라네. 연지 둑 버들은 그대로이니 뽀얀 백련 찾아오시게. 환각幻覺.

멈추지 마시게

뒤를 돌아보지 말게. 하늘도 쳐다보지 말게. 청잣빛 호수만 기억하시게. 빗줄기도 바람도 그치면 어떡할까 묻지 말게. 주저하면 두려움은 커지고, 돌아서면 그리움은 삭아버리니. 이젠 말이 필요 없다네. 떨어져 있어도 언제든 유령처럼 다가설 수 있는 기적을 믿으며 호수 빛 눈동자만 생각하며 걸음을 디디시게.

아직도 바람이 부네. 이건 산줄기 타고 내려온 산바람이야. 광녀의 머리칼을 날리며 달려온 바람이야. 줄행랑을 치는 바람이 아니라 숨 가쁘게 밀려오는 바닷바람이야. 가슴에서 가슴으로 오가는 약속이야. 곧 있을 상봉과 이어질 작별을 예감하는 눈물이야. 비 내리면 늘 한숨 가득한 가슴을 두드렸지 않았던가. 붉은 핏물이 그리웠던 자네였으니 오늘만큼은 이곳으로 오시게. 기다리는 그녀의 마음 비치리. 환영幻影.

마주하시게

호수는 지구의 푸른 눈. 연지는 마스카라 단 서라벌의 눈동자. 오직 포옹으로만 풀 수 있는 언어가 고인 우물. 마르지 못할 한이 넘실대는 가슴. 깊이도 넓이도 알 수 없는 늪. 저 백련을 보시게. 촉촉한 연잎 사이로 새초롬하게 내민 목덜미가 희디흰 여인을.

이제, 그대들을 위해 수십 폭 휘장을 치려네. 휘장마다 초혼 시구를 적겠네. 대웅전 벽에 그리는 〈심우도〉처럼, 멱 감던 동자 때부터 배필을 만난 청춘이 나라의 부름으로 망치 들고 떠나던 장골의 모습. 향 피워 올리며 다보탑 쌓던 석수의 손. 그리고 기다림에 지쳐 그림자로 죽은 아사녀. 마침내 이룬 성불의 천국. 한 길 휘장마다 한 잔 술과 한 가락의 노래를 수놓으리니. 모퉁이마다 불도 밝히리. 환등幻燈.

눈을 뜬다

빗방울이 아직 연지에 떨어진다. 연지에 고인 건 물이 아니라 아쉬움과 그리움, 한限과 원願이다. 맞이하고 보내는 건 예전이나 지금이나 여전하다. 연지에서는 모든 게 하나가 된다. 그래, 모두 하나이다. 안으려는 마음도 하나. 떠나야 하는 마음도 하나. 그래도 천년이 지나면 다시 만나리. 환생幻生.

합봉合封 같은 백련 한 송이 피어나는 날,
환幻 하나 용오름으로 솟아오른다.

하루치

4년 전에 직장에서 출행을 했다. 남들은 은퇴나 퇴출이라 하지만 난 출가나 출궁에 비유하고 싶다. 출옥이라 해도 만족한다. 아무튼 출出하면 축출보다는 탈출이 더 연상되므로 자유로의 오디세우스에 적격인 표현이다. 인간다운 삶의 출발은 자유를 향한 걸음이다. 번갯불에 콩 구워 먹던 벼락치기 습관을 없애고, 자작자작 구워지는 빈대떡처럼 한갓지게 하루를 굽고 익힐 것이다. 물론 아무리 노력해도 붙이지도 못하고 떼어내지도 못하는 게 한두 가지 있기 마련이다.

최근에 몇 가지 '여유 있게'라는 신종 습관을 들였다. 하나는 학교 부근에 얻은 사무실에 죽치고 앉아 책을 읽는 거다. 눈요기만 했던 책을 음미하는 맛이 여간 아니다. 밤 시간이 늦을수록 글을 쓴 작가들의 심경이 질박하게 와 닿는다. 다른 하나는 오페라의 아리아와 교향곡을 듣는 것인데 덕분에 더 눅진하게 자리를 지키는 습관이 생겼다. 책도 읽고 음악도 들으면 만사 평온해지리라 기대하지만 인간사란 원래 산란한 것. 까닭 없이 크래커 과자가 부서지듯 심사가 갈라지기도 한다.

잘 살려면 무엇이든 줄여야 한다. 살살 줄여야 한다. 이 나이에 갑자기 팍 줄이면 몸과 맘에 이상 현상이 생겨난다. 할 일도, 지킬 약속도 완만한 하강곡선을 그리도록 조절한다. 바짓단과 상의 소매가 헐렁해서 군살이 빠지고 몸피가 줄었나 생각했는데 눈치껏 살펴보니 골격이 줄었다. 신발이 자꾸 커지는 것도 쇠락의 징후인가. 서글프지만 해석을 달리하여 날렵해지는 거다 여기며 자신을 위로한다. 그렇게 줄어드는 변신을 나이 덕분으로 여기면 견딜 만하다.

그래도 늘어난 것이 적지 않다. 손이 무뎌지면서 같은 분량의 원고를 타이핑하는 시간이 늘었다. 잠자리에 드는 시간이 점점 늦어지고 황령산 윤곽을 멍하니 바라보는 여유 아닌 여유도 많아졌다. 게으름이 가을빛에 과일이 익듯 늘어간다. 줄어드는 만큼 느는 것이 있다는 엔트로피 법칙의 위력을 새삼 확인하는 요즈음이다.

언젠가 캠퍼스 정원에서 사철단풍나무를 지켜봤다. 그 나무는 무얼 그렇게 태울 것이 많은지 일 년 내내 붉은 빛으로 나를 울렁거리게 했다. 사철단풍은 늘 붉다. 불변의 단심丹心을 경탄의 시선으로 지켜보니 인간사가 불쌍해졌다. 일생 내내 늘어나네 줄어드네, 많아지네 적어지네, 커지네 작아지네 하며 덤벙대는 조석변이 심사가 가련해 보였다.

나이에 비례하여 늘어가는 게 또 있다. 모든 게 줄고 작아지고 적어지는 판에 이것은 괴물처럼 점점 늘어나고 커지고 많아진다. 나이에 정비례하면 그나마 좋으련만 제곱비례라는 게 진짜 문제이다.

지난 연말 때다. 필히 참석해야 할 행사가 있어서 선약을 하고 날짜를 확인했다. 그 요일은 비어있었다. 평소에 깜빡거리는 버릇을 아는 터라 아침에 장소와 시간을 재확인했다. 전철을 타고 내려 출구를 빠져나와 지상으로 통하는 계단을 올라 행사장 방향으로 발걸음을 옮겼다. 시간도 장소도 착오가 없다. 행사 건물 입구로 들어섰다. 느낌이 왠지 이상하다. 낯익은 얼굴들이 눈에 띄어야 하는데 낯선 사람들뿐이다. 그래도 2층으로 올라간다. 마이크 소리가 들리지만 다른 행사장이다. 이상하다 싶어 만만한 지인에게 전화를 돌리니 행사는 지난주에 있었단다. 요일이 아니라 날짜를 잘못 기억했다. 직장에 다닐 때는 요일만 정확하게 기억하면 되었는데 이젠 날짜가 더 촉을 건드린다. 결국 곱빼기 망각질을 당했다. 그날은 목도리를 하지 않아 돌아오는 길에 맞는 바람이 꽤 찼다.

서울에 갈 일이 자주 생긴다. 신년 하례식이 있어 한파에 아랑곳하지 않고 서울행을 일정에 넣었다. 알래스카로 떠나는 여행자마냥 내복, 외투, 장갑, 목도리를 빼먹지 않았다. 내가 가지고 있는 겨울용 목도리 여섯 장 중에서 갈색 코트에 어울리는 것을 골랐다. 양복 컬러에 따라 넥타이와 목도리를 코디하는 게 적지 않은 멋부림이 된 터이다. 시간이 조금 남아 사무실에 들러 장갑을 날렵한 것으로 바꾸기로 했다. 물개가죽 장갑을 끼고 사무실 열쇠를 잘 챙겼다. 시간이 빠듯해서 택시를 타고 부산역에 도착하여 기차에 올랐다. 정확하게 넘어가는 차림순서가 무척 만족스러웠다. 게다가 객차 안은 후끈하여 장갑과 코트를 벗어도 되었다. 가벼운 차림으로 차창 밖으로 보이는 신년 초 풍경을 한껏 즐겼다.

서울역에 내렸다. 사방이 트인 정거장의 바람은 뜻밖에 냉랭하게 차다. 목 주위도 싸하다. 분명 목도리를 매고 집을 나섰는데 왜 목덜미가 차가울까. 살펴보니 목을 두르고 있어야 할 그것이 사라졌다. 아침 행적을 천천히 되돌려보니 잠시 들른 사무실에 둔 것 같다. 장갑을 챙기느라 목도리를 잠시 풀어버린 것이라 애써 확신한다. 그래도 감기 들면 이중 손해이니 역 구내에 있는 중소기업 제품 전시장에 들러 3만 원짜리 목도리를 샀다. 아뿔싸, 싶어 점검하니 핸드폰 충전기도, 읽으려 한 책도 챙기지 못하였다. 한순간 방심으로 일주일 분 건망 건수를 한꺼번에 치렀다. 덕분에 늘어난 목도리로 일주일 일일 교대는 가능하게 되었지만.

나이 앞에 장사 없다. 용빼던 기억력도 서리 맞은 고랭지 배추마냥 실없이 허물어진다. 잊고, 잃고, 찾지 못하고, 망실하는 횟수가 갈수록 활활 피어난다. 퇴직한 지 겨우 일 년인데 망각이라는 불청객이 누르는 벨소리는 사정없이 밤낮 늘어만 간다. 그 때마다 장갑 한 켤레, 안경집, 구둣솔, 자유인 조르바 소설집, CD, 심지어 교정하던 원고까지 작별인사도 없이 훌훌 떠난다. 곧 나 자신조차 어느 순간에 잃어버려 있으나 마나 한 사람이 될지 모른다.

분량을 재는 단위에 분分, 씩, 치라는 말이 있다. 한 달 분, 일주일씩, 사흘치처럼 젊은 시절에는 조그만 수치에 조급증을 낸다. 나이가 들면 일 년분, 한 장씩(속칭 백만 원) 등 통 크게 놀려고 한다. 대신에 건망지수 단위만큼은 '치'이면 좋은데 하고 생각한다.

내일이 없이 오늘오늘 하며 지낸다. 소식小食 공양하는 마음으로 살려 하는데. 하루에 한두 번쯤 잊는 건 감사하며 살아간다 하는데. 늘그막 인생에 늘어나는 것이라도 있어야 살맛날 게 아닌가 여기시는 조물주님의 심보인지, 아니면 소탐대실의 진실을 깨치라는 훈령을 주시려는 배려인지, 건망 건수가 보통 아니다. 배려든 심보든 그저 하루에 한 번씩이라는 하루치 건망만 하사해 주시면 참으로 좋겠다.

물 사주

나는 사주팔자를 믿는다. 사주쟁이는 믿지 않지만, 사람에게 사주가 있다는 건 믿는다. 토정 선생의 영향이 아니라도 누구나 자신의 한 해 운수를 궁금해 한다. 사람의 명운이 사주만으로 정해지는 건 아닐 터이지만 그래도 그렇다. 연말이나 연초면 다음 해의 운수가 궁금해진다. 지난해의 사주가 잘 맞았는데 하는 생각이 들면 팔자든 운수든 행운이든 재수든 더 알고 싶다. 따지고 보면 모두 사주의 애독자이다.

남해 바닷가로 차를 몰고 갈 때가 있다. 간혹 죽방렴竹防簾이라는 그물을 친 바다를 지난다. 죽방렴은 바닷물이 흐르는 방향으로 그물을 쳐두고 물고기를 잡는 포획 방식이다. 일단 그물만 쳐두면 앉아서 돈다발을 헤아리는 물고기 장사다. 물고기는 물길에 의탁하였다가 그냥 봉변을 당한다. 주로 멸치를 잡는 그물인데 '치'가 붙은 물고기는 성미가 급해 쉬 포로가 된다.

물고기란 물의 순리를 따르는 생물이다. 물길을 따라가며 먹이를 찾고 암컷을 만나 짝짓기를 하고 새끼를 낳는다. 내가 보기에는 해류가 아니라 물 사주를 따라 움직이는 것 같다. 물살, 수온, 먹이, 물길이라는 네 가지 조건이 사람의 연월일시와 너무나 흡사하다. 사람처럼 그들도 사주 그물에 갇혀 명을 마감한다. 일진이 나빴고 재수가 없다고 하지만 어명魚命에서 벗어나지 못한 셈이다.

물고기가 사주팔자를 지녔다는 게 무척 안심이 된다. 만일 사람에게만 사주팔자가 주어지고 새나 물고기에게 그런 게 없으면 인간은 얼마나 비참할까. 만물의 영장이 아니라 만물의 졸장卒丈으로 불릴 것이다. 반대로 물고기가 그들의 생사를 자유의지로 결정한다고 해보라. 물고기가 하늘을 날고 새가 물속을 유영하는 오만은 상상만 하여도 끔찍하다. 끔벅거리는 물고기의 두 눈을 가만히 보라. 우리는 사주의 친족이라고 말하는 것만 같다.

다행스럽게 사람살이에 사주만 있는 게 아니다. 예외 없는 법칙이 없고 만사에 융통성이 있기 마련이다. 사람처럼 개나 지렁이도 길을 가다가 위험을 감촉하면 돌아선다. 재수든, 운수든,

행운이든, 차선이 있으니 가는 것이다. 한 번뿐인 목숨이 그물에 갇힌 꼴이라는 생각이 들지만 조물주인들 융통성이 없을라고.

그래도 사주는 사주다. 사주의 본성이 무차별성, 평등성, 기회균등이다. 가난하든 부유하든, 천하든 귀하든, 잘나가든 못나가든, 사주는 하나다. 누구에게나 하나뿐이다. 일단 받으면 반품이 안 되고 리베이트가 안 된다. 바꾸거나 되물릴 수 없다. 그렇지 않다면 조물주는 참으로 골치 아플 것이다. 원 웨이 티켓One Way Ticket. 편도 외길. 그래도 인생엔 가변차선이 있다.

나는 드라이브를 즐긴다. 드라이브를 좋아하면서 좋아하는 이유를 잘 몰랐다. 물살을 막은 죽방염 그물을 바라보면서 이유를 확연하게 알게 되었다. 드라이브에는 유턴U-Turn도, 차선 변경도, 출구로 빠졌다가 다시 진입하는 것도 가능하다. 급발진 같은 운수 나쁜 일을 당하지 않고 교통규칙을 잘 지키면 원하는 곳에 시간 맞춰 갈 수도 있다. 참으로 신나는 일이다. 만일 갔던 길을 돌아올 수 없고 잘못 들어간 길에서 빠져나올 수 없다면 운전하는 맛은 싹 가실 것이다.

딱 한 번, 내 스스로 사주를 봤다. 고등학교 2학년 때로 기억한다. 학급 친구와 귀갓길에 재미 삼아 동네 시장에 전을 펼친 관상가에게 성명과 생년월일을 댔다. 알고 싶은 것은 어느 대학에 진학할까에 대한 가르침이지만 그 궤는 알려주지 않았다.

“먹고살 만하겠지만 고생 좀 하겠다, 자식이 둘 있으나 초장에 애를 먹이겠다, 손재주보다 글재주가 좀 있겠다, 물가에 가는 것을 조심해야겠지만 물 수水자 붙은 곳에서는 잘되겠다, 제 명에 살겠으니 안달하지 말하라.”

지나고 보니 신통하게 맞는 말씀이다. 금·은수저는 아니라도 내 몫 숟가락은 달고 나왔겠다, 글재주야 훈민정음 24자를 잘 운용할 수 있으면 족한 것. 그만하면 됐다고 믿는다.

나이를 먹을수록 예외 없는 법칙이 없다는 말에 기댄다. 사주팔자가 출구 없는 죽방염이 아니기를 바란다. 운수와 재수와 행운이 어쩌다 한 번씩 있기를 바란다. 그나저나 물 가까이 살면 운수가 잘 풀린다는 믿음이 흔들리지를 않기를 바란다. 그래서 내 팔자는 물 기운을 팔아 글 쓰며 사는, ‘물 사주’라는 사실이 철칙이기를 바란다.

“열려라 참깨.”

《천일야화》에 나오는 유일한 주문이다. 사주팔자라는 문이 활짝 열려 모두가 제 사주로 살기를 바란다.

토렌즈강엔 아직 그들이 있을까

'한때'라는 말이 있다. 한때 잘나가던 사람이야, 한때 나도 괜찮았어, 한때 좋았지, 이런 말엔 '지금은 별로'라는 뒷담화가 숨어 있다. 이젠 그렇지 못하다, 이젠 상황이 판이하다는 환멸과 냉소가 끼어있다. 누구에게나 있는 '한때'에는 즐거운 회상과 아쉬운 후회와 다시는 돌아오지 못하는 것에 대한 절망이 담겨있다.

한때 한국과 정반대의 계절 속에서 살았던 적이 있다. 시차가 몇 시간 다른 것은 차치하고라도 몸이 받아들여야 할 주변 여건이 판이했다. 한국이 봄일 때 그곳은 가을이다. 어느 쪽이 앞서 가는지는 모르지만 한곳에서 산수유 꽃이 피고 나비가 날아들 때 다른 쪽에선 유칼립투스 잎이 떨어지고 장미도 누렇게 시든다. 봄맞이 축제가 베풀어질 때 가을 별빛이 쏟아지는 잔디밭 파크에서는 야외 음악회가 펼쳐진다. 꽃이 피면 잎이 지고, 비가 뿌리면 눈이 내리는 차이는 당연하지만 그 현상을 직접 체험하면 몸의 반응이 달라진다. 단 하루 동안의 비행시간이 그런 시공으로 끌고 들어간다.

한때 교회의 도시라는 별명을 지닌 남 호주 애들레이드에 살았다. 원시림이 우거진 애들레이드 언덕과 땅에 붙은 잡풀만이 자라는 북부의 널찍한 평원에는 원주민 부족들이 골마다 살았다고 한다. 평원을 가느다란 강폭으로 가로지르는 토렌즈강과 열대거목과 온대나무가 숲을 이룬 풍경은 지금보다 더욱 풍요로웠을 것이다. 지금도 새벽 산책을 거르지 않는 이유는 토렌즈강의 사계절에 매료되어 걷던 습관이 남아 있기 때문이다.

잔잔한 수면 위로 부챗살이 펼쳐진다. 삼각 꼭짓점에 얹힌 작은 물체가 날렵하게 다가올수록 쇠오리의 울음소리가 한결 뚜렷해진다. 연이어 꼬리마다 부챗살 파문을 단 오리들이 사방에서 모여든다. 반대편 둑에서 날아오는 성미 급한 녀석들은 숲에 동화되어 눌러사는 바다 갈매기들이다. 갈색, 흰색, 회색, 청색, 검은색, 제각각의 물새들이 뒤뚱거리는 모습을 지켜보면 저네들이 토렌즈강의 주인이 아닐까 생각하게 된다.

오리들이 다가오는 게 처음에는 꽤나 신기했다. 먹이에 대한 기대가 있어서라고 짐작하지만 낯선 사람의 접근을 두려워하지 않다니. 내가 순해서인가,라는 자만이 없지 않았다. 사실은 그들을 보살피는 주민들에게 익숙하여 물갈퀴 없는 나마저 믿어준 것이다. 그것도 모른 채 내 처지를 부풀렸으니 참으로 계면쩍다. 배울수록 제멋으로 살고, 가진 사람일수록 제 식대로 행동하려 든다. 요즘 유행한다는 웰빙 처세를 바라보는 오리의 시선도, 인간이란 이래저래 오만한 것에서 벗어날 수 없다고 여기지 않을까.

어느 집단이나 이맛살을 찌푸리게 하는 놈은 반드시 끼여 있다. 오리사회에서도 잠자코 기다리면 먹을 차례가 돌아올 텐데 훼방을 놓는 오리가 있다. 한눈에 보아도 덩치로는 두목감이지만 하는 짓으로는 건달형이다. 영악한 눈매를 반질거리며 다른 녀석들을 쫓느라 극성을 부리지만 정작 먹이는 다른 오리가 차지해버린다. 먹이를 주는 사람들도 그 놈을 미워한다. 사람으로부터도 멸시를 받는구나 생각하면 측은해지고, 그런 부류의 사람이 있다면 더욱 안쓰럽게 여겨진다.

사람 사는 곳이 오리사회보다 못하다는 생각을 부쩍 한다. 우두머리로 행세하려 할 뿐 묵묵히 제몫을 감당하는 사람이 너무나 적다. 튀어야 인기를 얻고 이미지를 깔아야 높은 자리를 차지한다는 수 싸움이 오리까지 전파된 건 아닐까. 저 못난 오리도 사람의 흉내를 낼 뿐이라고 여겨본다.

벤치에 앉아 넉넉하게 쉴 때도 있는데 그건 오리 가족을 지켜보는 재미가 붙어서다. 오리 내외가 네 마리의 새끼를 거느리고 여린 잔디를 뜯어먹는 소리가 산속 소나무를 스치는 바람만큼 신선하다. 아비 오리는 앞에서, 어미 오리는 뒤에서 세 자식들을 지키는데 처음에는 낯선 침입자에게 목덜미를 곤두세우며 힘을 과시하더니 몇 번 대면하고서는 경계심을 풀어 주었다. 지금은 힐끔 쳐다볼 뿐, 내 존재를 아랑곳하지 않는다. 저 인간은 해코지할 짐승은 아니지만 그렇다고 사귈 만한 감이 아니라고 판단한 모양이다. 간혹 먹이를 주면 알았다는 눈길을 보내는데, 영어 격언에 "Food makes friends."가 이 점을 잘 보여준다. 무엇이라도 베푸는 상대를 좋아하기는 인간도 동물도 마찬가지인가 보다.

토렌즈강에는 지금 짙은 가을이 흐른다. 무청보다 푸른 잔디는 변함이 없지만 느티나무와 포플러 가지에 추색이 묻어난다. 은은히 향기를 풍기는 유칼립투스 나무는 고목이 되면 백옥보다 매끈한 흰 껍질을 드러내는데 하얀 속질에 눈부실 지경이다. 강변에서는 은빛 갈대꽃이 한창 피어난다. 한때 토렌즈 강변을 걸으며 갈대라는 이름만으로도 고향 갈대숲을 떠올리며 참으로 멀리 왔다는 생각을 하곤 했다.

이제 그 한때가 지났다. 낙엽이 떨어지는 한국의 늦가을이면 호주는 꽃망울이 팍팍 터지는 5월이다. 호주에 다녀온 후 오래도록 해변의 풀이나 물새 한 마리도 예사롭게 보이지 않았다. 야산의 굴피나무에서 도토리가 툭툭 떨어지는 소리를 들으면 부챗살 물줄기를 그리며 유영하던 오리의 울음소리가 들렸다. 그럴 때 참 멀리 있었구나 하는 생각이 든다. 이런 한때가 언제 다시 올까.

3부 내 곁, 그곳

한 달 가까이 황량한 사막과 거친 석산과 푸른 초원과 청빛 바다를 지났다. 해발 4,300미터 셸터에서는 숨쉬는 것이 얼마나 아픈가를 알았고, 잉카 아가씨의 머리에 얹힌 안개 빛이 붉다는 것을 알았고, 우유니 소금바다에서는 맨발에 닿는 시간이 순간이 아니라 영겁임을 알았고, 남미대륙 끝 빙하의 빙벽은 순결하게 푸르다는 것 알았고, 바다가 보이는 네루다 시인의 서재에 보관된 낡은 타자기가 친 원고가 무엇인지 알았고, 파타고니아 처녀지를 할퀴는 바람이 왜 울부짖는지를 알았고, 탱고 무희의 춤은 숨은 슬픔이라는 것을 알았고, 리우 카니발 축제 참가자들이 몸으로 흔드는 것은 꿈임을 알았다.

— 〈내 곁, 그곳〉 중에서

서서 죽는 것들

비는 내리는 게 아니라 태어난다. 태어나는 순간에 자진自盡한다. 직립으로 생을 마치는 비의 강렬하고 단순한 생 앞에서는 모든 것이 고개를 숙인다. 대지를 북처럼 두드리는 비의 기세 앞에서는 나무가 곧다, 깃대가 곧다, 탑이 곧다, 사람도 그러할 수 있다는 말이 무색해진다. 수평이 주는 평온을 마다하고 수직의 고통을 감수하는 것은 지조일까, 오기일까.

여름의 무더위를 식힐 겸 정자의 고향이라는 함양을 찾았다. 지리산 줄기를 따라 흐르는 수승대 유원지에 들렀을 때다. 굽은 산등성 너머로 뾰족한 무엇인가가 보였다. 여름철이면 물살이 제법 셌을 계곡 한가운데 옹고집처럼 서 있었다. 산촌 풍경에 어울리지 않는 외톨이 모습이 가상하여 가까이 다가섰다. 숲을 배경으로 반듯하게 선 고사목이었다. 상단 부분에 몇 개의 마른 가지가 돋아 있을 뿐, 나무 둥치는 팔등신이 부럽지 않을 정도로 미끈하다.

'서 있는 자.'

유림의 땅을 지키려는 창일까. 선비의 절개를 나타내는 솟대일까. 세상을 등진 묵객이 애용하던 붓을 세워둔 것이 자란 것인가. 형상만으로 보면 단숨에 내려 뻗친 한 획 글자다.

일획론은 붓을 들어 일필휘지함으로써 생긴 서화법이다. 일획은 모든 형상의 근원이다. 양손으로 쇠뿔을 뽑듯 망설이지 않고 한 획을 단숨에 내리그으면 화선지에 유와 무가 동시에 생겨난다. 텅 빈 화선지에 검은빛 한 줄기가 꼿꼿하게 선다. 그것은 정지한 듯 움직이고 움직이면서 정지해 있다. 단순히 내려진 선線이 아니라 수직 직하하는 기氣이다.

주목은 살아서 천 년, 죽어서 천 년이라고 하지만 그 고사목도 땅에 쓰러지면 썩기 시작한다. 벌레들이 덤벼들고 이끼들이 달라붙는다. 무엇이든 누우면 잡념이 생기고 기운을 잃어가지만 화선지에 붙은 일 획은 백 년이 지나도 불변이다.

'입신立身.'

청운의 입신을 두고 구양수歐陽脩는 힘써 배우는 것을 근본으로 삼으라고 가르쳤다. 강변 바위틈에 뿌리를 내린 백여 년, 마른 뿌리로 홀로 버텨 온 백여 년, 고목孤木이 스스로 입신의 뜻을 실천하고 있다.

서 있는 게 참으로 힘들다. 오죽하면 서면 앉고 싶고, 앉으면 눕고 싶다고 말할까. 전쟁에서 포로를 잡으면 굴신屈身의 모욕감을 주고 종교인들은 오체투지로 속죄하기도 한다. 만물의 영장인 사람조차 눕는 유혹을 이겨내기 힘든 법인데 나무 한 그루 와신臥身한들 부끄럽지 않을 것이건만 죽어도 강직한 기세를 잊지 않는다. 허만하 시인은 그 지조를 "비는 서서 죽는다"고 노래했다. 서서 태어나고, 서서 살고, 서서 죽는 것이 시인에 의해 태어난 비뿐만이 아니다.

언젠가 뉴욕 항을 찾은 적이 있다. 때마침 범선 축제가 베풀어져 허드슨 강변에는 많은 범선이 닻을 내리고 있었다. 돛대들이 도열한 선창은 가로수가 울창한 숲처럼 보였다. 부둣가 식당에는 만국기가 걸리고 손님들은 밤을 새웠다. 외부인의 출입을 금지하던 범선에는 구경꾼들이 오르내렸다. 흥청거리는 부두의 분위기와 달리 돛대는 곧게 몸을 세우고 있었다. 오만하리만큼 당당하고 초연하다 못해 고독하게 보였다.

파도가 밀려오면 배가 출렁거렸다. 흔들리는 뱃전에 기댄 내 몸도 함께 일렁거렸다. 어디엔가 기댄다는 게 이렇게 편안한 줄 몰랐다. 직립 나무를 보면 저것처럼 살리라 다짐했는데 배에 몸을 맡기고 기분 좋게 흔들리다 보면 굽고 휘는 삶도 괜찮다 싶다. 조변석개朝變夕改만큼 사람의 본성을 나타내는 말이 없다.

수승대 계곡의 고사목을 한동안 지켜본다. 더 가까이 다가선다. 하얀 몸매에는 계곡 바람에 부딪힌 흔적들이 고스란히 남아있다. 사목死木이 되어도 뿌리를 온전히 박아둔 덕분에 지금도 직립 자세를 지켜낸다.

고사목이 가로등으로 보인다. 물이 흐르고 바람이 지나가고 시간마저 달아나는 계곡을 오롯이 지켜내는 가로등. 고사목 꼭지에 보름달이 걸리면 수승대를 시로 읊은 퇴계 이황 선생도 외등의 절개를 다시 노래할지 모른다. 보름달을 머리에 이고 있는 고사목이 그렇게 소생한다. 세찬 물살도 버텨내고, 차가운 눈보라도 고스란히 받으면서 인간에게 소리친다. "그렇지 않은 너는 그냥 사라지는 거야."

요즘 입상立像의 물상을 종종 생각한다. 빗줄기를 닮은 것들, 흰 빨래를 매단 바지랑대, 눈 덮인 들판에 홀로 선 전봇대, 붉은 사막을 걷는 낙타, 푸른 논에 외다리로 멈춘 백학…. 그들은 평생 동안 청풍명월을 즐기거나, 돛대처럼 굽이치는 파도를 이겨내지는 않지만 계곡의 고사목처럼 살아있다. 견인주의자들이다. 자연 속 사물들은 아무리 미미하여도 미천한 모습을 보여주는 법이 없다. 아무리 똑똑한 사람일지라도 자연의 비밀을 다

간파할 수 없다. 자연의 본모습을 모두 알아낸다 하더라도 자연은 위엄을 잃지 않는다. 나무꾼의 나무지팡이 하나와 작가의 글 나무가 다른 것은 이 때문이다. 그래서 더더욱 비수의 날처럼 직립으로 명을 다하는 빗줄기와 사목을 지켜보며 고개를 숙일 따름이다.

몸으로만 서려는 자들이 자연의 직립 물상을 모독하고 있다. 서서 태어나고, 서서 자라고, 서서 죽는, 진정한 종족들이 어디 있는가. 그것을 내 척추로 삼고 싶다.

흰쥐와 코로나

섣달그믐이 지나면 정월 초하루가 밝아온다. 하루가 지나면 신새벽의 빛으로 다른 하루의 문이 열린다. 어둠이 골목길을 빠져나가고 잡귀들도 황급히 물러간다. 12지간 어느 띠라도 나름의 길운과 행운을 약속해 준다. 초하루만은 12지간의 동물들이 모두 신통력을 지닌 영물이 되어 존경을 받는 날이다.

영어의 1월 January는 로마 신화에 나오는 대문의 수호신 야누스Janus에서 유래한다. '야누스의 달'을 뜻하는 라틴어 야니아리우스Januarius가 1월의 의미로 바뀐 것이다. 신화에 따르면 야누스는 두 개의 얼굴을 가지고 있는데 앞 얼굴로는 다가올 미래를 지켜보고 뒤 얼굴로는 지나간 과거를 돌이켜본다고 한다. 한쪽의 끝이면서 다른 한쪽의 시작을 기대하는 것이다.

올해는 쥐의 해이다. 그중에서 흰쥐의 해이다. 쥐는 예부터 다산과 풍요, 근면과 성실을 상징하는데, 흰쥐는 성스러움도 더한다. 쥐는 앞 발가락은 4개, 뒷발가락은 5개로 음양을 모두 갖추어 12지간의 으뜸이라 한다. 올해는 육십갑자의 으뜸인 경자년이어서 '경자' 이름을 가진 여성도 뿌듯해한다고 한다.

새해가 되면 가장 많이 사용하는 말이 '다사다난'이다. 문명은 발전하건만 세상이 험악해지는지 갈수록 다사다난의 강도가 높아진다. 고단한 삶의 고지를 올라도 산꼭지가 보이지 않는다. 직장을 잃은 가장과 직장을 구하지 못한 대학 졸업자의 숫자가 늘어간다. 물가가 오르고 집값이 뛴다. 전셋값도 월셋값도 턱없이 오른다. 생계 불안이 늘면서 희망이 옅어진다. 현실이 아무리 어렵더라도 꿈이 있고 희망이 있으면 무엇인들 견디지 못할까. 어두운 터널 끝에는 반드시 밝은 출구가 나타난다지만 올해는 정말 내일을 알 수 없다.

코로나 팬데믹이 일어나면서 세상 모든 것이 뒤틀려버렸다. 보지도 만지지도 못하는 무형의 바이러스가 지닌 최대의 위력은 '보이지 않는 정체'라는 점이다. 작년 말 중국에서 발생하여 차례차례 세계 대륙을 점령해 나가는 위세를 지켜보면 경악스럽기보다는 대단하다는 경이감이 앞선다.

위세란 세력이다. 세력은 지금까지 탱크나 핵탄두나 거함처럼 가시적인 덩치로 보여줬지만 코로나는 눈에 보이지도 않는 세균이라는 점이 위세이다. 육안으로는 볼 수 없는 세균이 인간의 명운을 가차 없이 희롱한다. 사람은 실체를 알 수 없으니 속수무책으로 당하기만 할 뿐, 지금까지 이처럼 전 지구가 연루되어 싸운 대전이 없다. 실질적으로 첫 지구 대전이다. 노아의 홍수 이후 처음 맞이하는 재앙이라고 불러도 지나치지 않다.

미국 작가 랄프 엘리슨의 소설에 《보이지 않는 사람》이 있다. 백인 권력사회에서 흑인의 삶을 그려낸 이 작품은 흑인들이란 미국 사회에서 제대로 인정받지 못한다는 차별성을 고발한다. 그들은 사회적 인격체로 대우받지 못하고 당하기만 한다. 있으나 마나 한 존재라는 뜻이다. 그런데 이번 코로나는 보이지 않은 무형을 무기로 보이는 유형의 인간을 보기 좋게 파탄시키고 있다. 갖가지 오만, 자만, 이기심, 물욕, 탐진치의 만행을 징벌하고 있다. 예전의 쥐보다 까맣게 보잘것없는 병균이 초유의 권력자가 되었다. 2020년을 맞이하면서 인류의 운명에 극적인 변화를 준 존재라고나 할까.

희망은 인간이 가진 유일한 끈이다. 항상 손만 뻗치면 닿을 것 같던 희망마저 어디로 줄행랑을 쳤는지 알 수 없다. 어려운 때일수록 가장 필요한 것은 '할 수 있다.'는 믿음이다. 그런데 2020년 첫 출발점부터 희망을 상실한 지금이다.

전례 없던 세기의 풍속이 많이 생겨났다. 사용하지 않던 말이 일상화되고 있다. 사회적 거리, 마스크, 세정제, 2미터 간격, 2주 격리, 확진……. 일상 모임이 취소되고 각종 기업체가 문을 닫는다. 재난보조금이 수시로 배포되어야 나라 경제가 산단다.

대재앙을 맞이하여 인간의 삶이 어떻게 지금까지 왜곡되어 왔는가를 되돌아본다. 자연은 변함없건만 사회는 왜 이렇게 달라져 버렸는가. 모두 두 손을 모으고 성찰하여야 할 시간이 되었다. 신의 저주가 아니라 신중하지 못한 행동의 결과이니 어쩔 것인가. 이겨내고 견뎌내야 한다. 그렇게 생각하며 자기단속을 할 수밖에 없다.

갑자기 베토벤의 교향곡 〈운명〉이 떠오른다. 베토벤은 아무것도 들을 수 없는 시기에 이 교향곡을 작곡했다. 그는 청각장애에 좌절하지 않고 피아노 건반의 줄에 실을 묶어 나무 막대기에 연결한 뒤 그 막대기를 입에 물었다. 거기서 감지되는 느낌으로 8년간에 걸쳐 한 편의 걸작을 만들어 냈다. "괴로움을 이겨내는 기쁨으로"라는 악보공책 표지에 실린 구절이 그래서 더욱 가슴에 와 닿는다. 지금도 많은 사람들이 그 음악을 들으면 인생은 얼마나 진지한 것인가를 깨닫는다. 인생은 살아내야 하는 것. 시련을 이겨낸 사람일수록 남을 향한 이해심이 커진다는 것.

어린 시절 집집마다 쥐가 살았다. 쥐는 영특하게도 천장까지 올라가 일정한 곳에 배설하면서 우당탕 자기가 있음을 과시했다. 어쩌다 사람과 정면으로 마주하면 밤톨보다 더 말간 눈동자를 반짝이며 두 손 모아 빌기도 했다. 인간은 쥐를 보면 매몰차게 독살하고 교살하고 투살하여 그들을 몰살시키려 하였다. 그래도 쥐는 제 명을 마치면서 꼬리를 남겼다. 쥐는 태어나서 죽을 때까지 늘 자신의 존재를 입증했다. 하지만 코로나는 빛도 모양도 냄새도 소리도 없다. 그냥 투명한 독가스처럼 인간사회를 휘젓고 다닌다. 그 간특한 생명체 앞에서 인간이 그지없이 무기력하다. 무슨 짓을 하든 끝까지 살아남겠다는 집요함과 끈기가 없다. 인간은 언제 쥐처럼 제 모습을 당당히 드러내고 언제 코로나처럼 제 삶의 극한에 충실한 적이 있는가. 그 부끄러움으로 한해 한해를 견뎌가자.

무명씨無名氏

가을은 나뭇가지에서 플러그를 뽑는 계절이다. 하나, 둘 잎이 떨어질수록 나무와 함께 사람도 을씨년스러워진다. 춥고 긴 밤을 견디다 못해 사람들은 난방기 코드를 꽂고 밤 시간을 보낸다. 가을 나무는 떨켜에서 자신의 잎을 떨구는데 인간은 추울수록 전기 난방에 의존한다.

사람이 태어나면 이름을 가진 유명인有名人인이 된다. 그때부터 제 이름을 주변에 알리고 싶어 한다. 학교에서 직장에서 사회에서 신분을 높이고 많은 돈을 벌고 사람의 주목을 끌어야 유명인이 될 수 있다. 작가도 텔레비전에 얼굴을 비추고 언론과 인터뷰를 하면 유명세가 높아지고 더 많은 책을 팔 수 있다는 걸 질 안다. 배우와 가수와 개그맨들이 스타가 되고 싶은 것도 몸값을 올리고 싶기 때문이다.

유명해지려면 가만히 있어서는 안 된다. 끊임없이 자신의 모습과 생각과 태도를 요령 있게 바꿔야 한다. 많은 사람으로부터 주목을 받으려니까 그렇게 할 수밖에 없다. 자연을 이루는 풀 한 포기, 한 마리의 곤충, 나무 한 그루도 제 이름을 가진 유명체이지만 인간과 달리 득세하려고 주변 동료를 괴롭히거나 자신의 모습을 바꾸지 않는다.

이름이 없는 것이 무명無名이다. 유명하지도 않고 알려지지도 않고 제대로 인정받지 못한다. 사람들이 잘 모르는 풀을 무명초라 말하고, 목숨을 바쳐 죽은 평범한 병사를 무명용사라 부른다. 무명 배우, 무명 가수, 무명 요리사, 무명 노동자 등 이름이 있는 한두 명 뒤에는 이처럼 이름이 없는 숱한 사람들이 있다. 그냥 사람으로 불리고 꽃으로 불리고 풀로 불린다. 이름 없는 그들이 불쌍하다 싶은데 곰곰이 생각하면 그들만큼 평화스러운 삶을 살아가는 존재가 없다 싶다.

김춘수는 꽃에게 이름을 불러주라고 하였다. 너와 나와의 관계를 확인하는 방식이 이름을 불러주는 것이라는 게다. 아이가 태어나면 세례명이나 이름을 붙여 다른 사람과 의도적인 차별을 짓는다. 이름을 가지면 소유 본능이 생겨나면서 경쟁을 피터지게 시작한다. 하나라도 더 가져야 하고 하루라도 더 살려

한다.

그런데 가을에 떨어지는 잎은 그냥 낙엽이다. 모두 떨어지는 잎으로 불린다. 봄철 나무와 풀은 꽃으로 알아차리고, 여름 나무는 잎으로 구별하였더라도 늦가을이 되면 그냥 나무가 된다. 이름을 가진 잎도 감나무 잎, 벚나무 잎, 떡갈나무 잎이라는 이름을 떨구고 그냥 잎으로 불린다. 나무가 제각각의 이름을 버리고 그냥 가을 나무가 된다. 편안하게 세상을 살아갈 수 있는 몸뚱이가 된다.

낙엽은 세찬 바람을 온몸으로 받아 하늘을 한두 번 날고 멋스럽게 아래로 몸을 날린다. 잎들의 가을 체조. 나풀 곡선을 그리는 낙엽은 서두르지 않는다. 마치 초야에 신랑이 신부의 옷고름을 풀어 내리는 여유를 보는 듯하다. 마지막 활공을 할 때면 나비조차 흉내 낼 수 없는 율동의 파장을 펼쳐낸다. 바이올린의 선율처럼 슬픈 오르가슴을 전해준다. 잎이 행하는 마지막 춤이므로 시의 소재가 된다.

태어날 때는 이름을 얻지만 아무도 모르게 사라지는 것이 많다. 인간 사회도 마찬가지다. 지금 이 순간에도 주변의 몇 사람만 알고 있는 가운데 명을 다하는 사람이 있다. 무명의 삶을 마치는 것이다. 안쓰럽지만 어쩌면 나비처럼 참으로 가볍게 한 세상 살다 가는구나 싶다.

우리 주변에는 무명씨의 죽음이 많다. 최선을 다하여 일우一隅의 장소를 비추면서 살다가 명의 부름을 받고 떠나간다. 북적거리는 문상객도 없이 홀로 사死의 여행을 떠난다. 일순간에 재로 변한다. 살아있을 때든, 마지막 숨을 거둘 때든 인간은 재이고 흙이다. 그래도 여전히 지구의 일부인 모래이고 흙이고 조약돌이다. 헤밍웨이는 《바람과 함께 사라지다》라는 소설의 서문에서 한 알의 모래가 파도에 쓸려가도 자신의 일부가 사라지는 것과 같다고 하였다. 유명인사든 평범한 사람이든 인간이라는 이름만이 존재를 입증해 준다.

예순을 넘겨서야 낙엽을 달리 보게 되었다. 스무 살 청춘시절에도, 서른 살의 성년기에도, 마흔 살의 장년기에도 낙엽을 가을의 전령쯤으로 여겼다. 그런데 이전과 다르다. 가지에 매달린 마른 잎에서 얼굴이 보이는 거다. 약간은 지친 표정, 한쪽으로 기운 어깨, 반백의 뒷모습, 어딘가 허한 눈빛, 그러면서도 미련없이 죽음을 맞이하는 이웃 얼굴들이 보이는 것이다. 그래서일까. 요즈음 산길을 걷다가 바람에 날리는 낙엽을 보면 마음속에 물기가 스며든다.

오늘도 찾아간 길에 낙엽이 수북하다. 며칠 동안 비가 심하게 내리고 바람이 세차게 불어 산길에 낙엽이 숱하다. 그들을 보니 슬프고 아쉽다. 무엇이든 저 낙엽처럼 생명은 떨어진다는 사실.

어쩌면 낙엽은 그 생명의 소멸을 알려주려는 마지막 소명을 위해 사람의 눈앞에서 곡선의 명을 다하는지 모른다. 무엇보다 너도 일우의 역할을 조용히 하라는 걸 가르쳐 주려는 방문이 아닐까.

코로나바이러스가 유행하면서, 폭우가 곳곳을 강타하면서, 여기저기서 무명씨들이 명을 다한다. 이때 떨어진 숱한 생명들을 보내는 절차가 냉정해 보인다. 그럴 수밖에 없다 할지라도 버려지듯 처리되는 것을 지켜보며 산 자의 냉혹성에 가슴이 저려온다. 그러니 낙엽이나마 차라리 더 많이 떨어져 주기를 바란다. 그것들은 자연이 무명씨에게 보내는 연민의 조화弔花일 테니까.

내 곁, 그곳

이곳에는 늘 바람이 분다. 철 따라 잘 익은 복숭아 향기나 쌉쌀하게 늙어버린 쑥갓 냄새가 배어난다. 산 기운을 돋우는 장끼 소리가 들려올 때면 산딸기 냄새가 녹아내린다. 가을이면 낙엽이 바다로 풀풀 내려오기를 바라는 마음도 흔들리며 핀다. 그래서 사철 밤낮 쉬지 않고 절벽을 때리는 포말 끝에선 백화白花가 돋고 피는 게 아닌가 싶다.

산책길은 먹물 머금은 산수화 같다. 버선목처럼 흐르는 샛길을 따라 온유하게 걸으면 모든 것이 바다를 향해 빛을 뿜어낸다. 봄철에는 벚꽃 가로수와 동백꽃 무리가, 가을이면 낙엽을 매단 벚나무가 드라이버들의 정신을 흔들지만 지조 있는 하루 여행자는 그의 심정을 헤아리고 손을 잡아주는 해송 도보 길을 따른다. 바닷가에 바싹 붙어 생긴 좁다란 길을 걸어도 좋다. 그곳은 호젓한 숲속 길을 걷다가 고즈넉이 쳐다보는 사슴을 만났을 때의 희열을 전해 준다. 어쨌든 바다를 안는 몸짓은 해수로海水路로 향하는 걸음으로 시작한다.

부산 남구 모퉁이에 위치한 이기대 바다를 좋아하는 이유도 그것이다. 가까이 있어 편하기도 하지만 그냥 훤하다. 생각만 하여도 푸근해지는 곳. 보면서 들을 수 있는 곳. 나를 버리면서 나를 얻을 수 있는 곳. 바다에 대한 모든 기억의 시간을 샅샅이 떠올릴 수 있는 곳. 그곳 이기대.

요즈음 아침엔 전망대에 차를 세운다. 가파르고 긴 목재 계단을 지나고 다시 흙 계단을 내려가 새소리와 파도 소리가 함께 만나는 쪼그만 빈자리를 찾아 앉는다. 바다 소리를 마시듯 하면 갯내음이 콧속으로 들어오고 푸르고 하얀 파도가 눈을 멀게 하다못해 귓속으로 들어오면 몸이 무너진다. 마음도 끝내 무너진다. 그 순간을 아는지 옆에 있던 소나무 한 그루가 내 몸을 받아준다. "알아. 이때쯤 네가 여기 올 줄 알아."

그날도 그랬다. 아침 기운이 내가 늘 머무는 자리에 있으리라는 예감이 적중했다. 갈매기들이 쉴 사이 없이 물속 다이빙을 하고, 해가 알맞게 뜬 아침 기운은 따뜻하고, 이틀 전에 내린 빗기를 여전히 머금은 산길도 부드럽다. 그들의 합창이 어린 날, 유천 대원암 오름길에서 들은 소리들과 다름없다. 더 이상 산사의 개망초도 송림도 감나무도 볼 수 없어 가슴 아프지만 이기대 해국과 솔숲과 벚나무가 그것들을 닮아 있으니 지난 세월과 지금 시간이 마주한다.

지난해 겨울부터 글을 제대로 쓰지 못했다. 남의 글을 읽고 평을 쓰는 동안 내 기력은 병든 고춧잎처럼 시들어 버렸다. 허기지고 무기력해지고 빈곤해졌다. 무엇인가로 채워야 했다. 그렇지 않으면 불시에 무너질지 모른다는 절박한 마음으로 먼 남미로 몸을 던졌다.

한 달 가까이 황량한 사막과 거친 석산과 푸른 초원과 청빛 바다를 지났다. 해발 4,300미터 셸터에서는 숨쉬는 것이 얼마나 아픈가를 알았고, 잉카 아가씨의 머리에 얹힌 안개 빛이 붉다는 것을 알았고, 우유니 소금바다에서는 맨발에 닿는 시간이 순간이 아니라 영겁임을 알았고, 남미대륙 끝 빙하의 빙벽은 순결하게 푸르다는 것 알았고, 바다가 보이는 네루다 시인의 서재에 보관된 낡은 타자기가 친 원고가 무엇인지 알았고, 파타고니아 처녀지를 할퀴는 바람이 왜 울부짖는지를 알았고, 탱고 무희의 춤은 숨은 슬픔이라는 것을 알았고, 리우 카니발 축제 참가자들이 몸으로 흔드는 것은 꿈임을 알았다. 그때마다 몸이 붉도록 남미 와인을 마셨지만 뭔가 부족했다. 그게 이기대로 다시 돌아온 이유였다.

봄날 이기대 파도 소리를 먹은 몸이 일어나기 시작했다. 난 살 수 있다. 다시 일어설 수 있다. 파도가 튕기는 물보라가 바지를 적시는 암벽에 앉아 내려다본 바다가 변함없이 청엇빛임을 확인하면서 마음이 놓였다. 몸에 물이 차오르기 시작했다. 외로움과 그리움과 더불어.

눈 시린 그 광채를 보는 순간, 오래전 호주 연안을 따라 감행했던 어드벤처가 떠올랐다. 내 생애 처음으로 절대적 자유를 누렸던 행복한 10개월, 그 시간 가운데서도 애들레이드에서 호주 대륙 서쪽 끝 도시 퍼스까지 감행했던 오지여행은 내 '존재 구하기'를 위한 행군이었다. 사파리 초원을 배경으로 천천히 걷는 낙타, 새벽 초원을 달려가는 캥거루, 새끼를 거느리고 느긋하게 잠행하는 고래는 구속을 거부하는 신사숙녀들이었다. 그런 신분이 아니고서야 어찌 자연이 제 집을 내어줄 건가. 난 그렇지 못하여 슬펐다.

모두 한때의 제 시절만을 누리려 한다. 그러나 이기대만은 남다르다. 바다를 면한 올레길을 걸으면 파도 소리와 새소리가 사철 귀에 들어온다. 자신을 닮으려는 사람이면 누구든 반겨주는 길이므로 바위틈 파도도 그지없이 깊고 느긋하나. 언제나 그 만남이 마음을 맑고 밝게, 차가우면서도 따뜻하게 해준다. 그

까닭으로 나는 바다가 더 좋다. 일 년 열두 달 삼백예순닷새, 이기대를 뵈올 핑계가 생기니까. 내일도 맑은 눈과 깊은 귀를 가지게 해 주소서 기도드릴 구실이 남아있으니까.

내가 태어난 시골 마을에는 바다가 눈썹 길이만큼도 없었다. 물줄기라고는 마을 앞을 흐르는 개천이 전부였다. 그 개천은 어린 눈으로 보아도 좁았다. 가파른 뒷산 기슭에서 미끄러져 내려오다가 개천 변에 걸린 출생 마을은 좁은 골목길 서너 개가 전부였다. 그렇게 하여 생겨난 까닭인지 모르나 산사로 이어지는 가르마 같은 길은 여름이면 산 풀로 덮여 보이지 않았다. 다만 개천 갈대밭에서 어쩌다 튀어 오르는 숭어 소리가 산중턱에 자리한 성스러운 암자에서 들려오는 불경처럼 들려 행복했다. 호미를 든 할머니는 좁다란 밭에 목숨을 걸고, 오마니는 아이들을 줄줄이 앞세우고 하루에 한 번씩 산사 길을 오르내렸다. 봄이면 참꽃이 흐드러진 벼랑이 아름다웠고, 가을이면 붉은 감빛이 풍성했다. 가난했지만 가난의 길인 줄 몰랐다.

지금까지 생생하게 남아있는 고향 삽화는 물의 시간, 개천이다. 담장 대숲이 수면에 물그림자를 이루면 그 위를 물방개와 소금쟁이가 댓잎 사이로 눈부시게 일렁였다. 그때만큼은 개천의 폭이 넓고 수심도 깊어 보였다. 그리고 세월이 지나고 지나고 지났다. 마침내 흰 머리를 얹은 사람이 그 산사로 가는 길같이 굽은 해로海路를 따라 바다와 대면하곤 한다. 더 푸르고 더 넓은 대양으로 가는 물목이므로.

이기대 바다를 내려다보는 산중턱을 따라 뻗친 길목 중간쯤에 바위 하나가 비켜서 있다. 마친 자연석 의자처럼 보인다. 그 자리에 앉아 주위를 둘러보면 눈길을 끄는 게 꽤 많다. 곡선으로 휘어진 소나무, 천연 무늬를 지닌 바위, 학처럼 비상하는 갈매기, 대죽 같은 갈대, 졸졸 흐르는 물길……. 이들이 이기대 십장생을 만든다.

돌 의자에 앉으면 남호주 애들레이드 바닷가에서 만났던 녹색 나무 벤치가 생각난다. 남극 바다를 마주 바라보고 있어서 마치 육지와 결별하려는 자들의 마지막 안식처 같았다. 그 벤치는 바다를 사랑하며 살다가 세상을 떠난 사람들을 추모하기 위해 가족이나 지인이 헌정한 쉼터이다. 그해 겨울, 서너 차례나 차가운 남극바람을 맞기 위해 그 벤치를 찾았다. 벤치 뒷면에는 녹색의 조그만 동판이 박혀 있었다.

> 시인이자 작가인 아이언 무디와 그의 아내 앤 래니를 추모하여. 그들은 늘 이 해변에서 바다를 지켜보았다.

아이언 무디가 누구인지 모르지만 상관없었다. 그가 바다를 사랑했다는 공통점만으로도 오랫동안 알고 지낸 듯했다. 좁은 벤치가 넉넉하다면 그것은 누구만을 위한 것이 아니기 때문이다. 외롭고 피곤하면 누구나 몸을 앉히고 싶고 기대고 싶다. 벽돌이든 나무둥치든, 돌바위이든, 풀밭이든, 그리고 무릎이든….
이기대 바닷길을 걸을 때마다 나도 벤치를 이곳 어딘가에 놓고 싶다고 마지막 부탁을 남기려 한다.

이기대는 어느 곳이든 벤치다. 비 내린 후 며칠 동안은 더욱 차분한 쉼터가 된다. 그런 날 밤 달빛까지 걸리면 눈이 크게 떠지고 귀가 진정으로 열린다. 그러면 어느 곳에 살든 바다를 좋아하는 사람들은 비가 내리거나 달이 뜬 날이면 바다로 나선다는 걸 육감으로 서로를 알아차린다.

태풍이 치는 날, 파도가 바위벽을 때리는 굉음은 뜨거운 심장을 마구 두드리는 사랑의 굉음 같다고 여겨진다. 바다는 평소에 잘 알고 있다고 생각한 것일수록 더 모른다는 사실을 알려준다. 늘. 늘.

오늘도 파도가 지척인 바다 바위 위에 앉는다. 단 한 번도 같은 적이 없는 파도의 비백飛白을 지켜보면서 바다를 닮은 사람을 생각한다. 바다를 아는 사람은 바다거북처럼 조용히 움직이고 여유 있게 생각하고 느긋하게 일을 한다. 그런 사람에게는 만남도 헤어짐도, 기쁨도 슬픔도, 삶도 죽음도 구별이 없다.

이기대에 오면 바다를 닮은 사람을 만나고 싶다.

죽 화병竹花瓶

불두화佛頭花가 자리해 있다. 불타의 머리를 닮은 둥그스름한 세 송이가 하얀 서기를 발산한다. 강의실이 환해지고 문우들의 얼굴도 화사한 윤기를 띠어간다. 꽃이 이루어내는 변화에 경탄하면서 꽃이 되게 하는 게 무엇인가를 잠시 생각해 본다.

노자의 《도덕경》에 "진흙으로 그릇을 빚으면 정작 비어있는 공간이 쓸모 있게 쓰인다."는 말이 있다. '빈 공간의 쓸모'를 참으로 적절하게 비유한 명언이다. 여러 작가들이 자주 인용하는데 미술에 있어서는 특히 그러하다. 서양화가 색과 선과 점으로 화폭을 채운 기교를 두고 걸작 여부를 평가한다면 여백을 중시하는 동양화에서는 먹의 농담으로 명화를 삼성한다.

일반 사람들은 속보다는 겉모습에 더 관심을 기울인다. 그릇을 사기 위해 옹기점이나 도예점에 가더라도 속을 들여다보는 경우는 거의 없다. 음식이나 물이나 간장을 담는 용도보다는 진흙으로 한 줄씩 쌓아 물레질한 표면에 더 눈길을 준다. 외모가 잘난 그릇이라야 장식장에 놓이고 주인의 눈 사랑을 받지만 못난 질그릇이면 헛간에 놓여 오물을 받는 신세로 전락한다. 빈 공간의 쓸모가 외모로 판단되는 세상사가 거듭 생각하여도 아이러니하다.

수필 공부를 하는 분 중에 연로하신 분이 계셨다. 공부를 하러 올 때마다 꽃을 가져와 책상에 놓았다. 철따라 꽃을 가져오기에 꽃집을 운영하는 줄 알았을 정도였다. 야생초며 토종 꽃이며 외래종을 고르게 가져왔다. 오늘은 무슨 꽃을 가지고 올까 궁금하다 못해 강의실 문을 여는 순간, 시선이 그분의 손에 먼저 갔다.

더 시선을 끄는 게 있었다. 꽃이 아니라 꽃을 꽂은 그릇이었다. 한 번도 그럴싸한 꽃병을 가져오지 않았다. 페트병, 우유병, 플라스틱통, 생수통 등을 잘라 만든 것이었다. 빈 것의 쓸모를 일깨워 주려는 정성으로 흰 종이에 꽃 이름을 볼펜으로 쓰고 풀로 붙인 것이다. 언젠가 도자기 꽃병인가 여겼는데 알고 보니 김천 과하주過夏酒라는 토속주 술병이었다. 빈 병에 꽃을 올리고 흰 종이에 꽃 이름을 볼펜으로 쓰고 풀로 붙이면 꽃병이 된다.

빈 병에 존재 가치를 부여해주는 그분의 배려심을 알아차렸기에 젊은 문우들도 고개를 끄덕였을 것이다.

꽃은 수업을 마치면 연구실로 가져왔다. 이름을 들어본 적도, 향기를 맡아본 적이 없는 꽃에 대한 탐심보다는 꽃을 받치고 있는 빈 통에 더 끌렸기 때문이다. 음료수가 가득 찬 병이라면 어찌 꽃을 담을 수 있는가. 꽃 하나라도 맞이하려면 속이 비어야 하거늘. 흔히 공병空甁이라 부르는 빈병이 지닌 의미에 새삼 고개가 숙여진다.

빈집, 빈 의자, 빈 그릇 등을 생각해본다. '빈'이라는 말조차 허虛나 공空보다 더 목젖을 울리는 것 같고 '빈'이 '가난[貧]'한 것뿐인데도 "문과 질을 고루 갖춘 빛남[彬]"으로 여겨진다. 빈 것이라면 담을 것이 어딘가 있을 것이고 공병이라면 심오한 인생을 거치고 초연하게 사람을 마주하며 응시하는 선인이 연상된다. 쓸모 있다는 말도 가득 찼었을 때보다 텅 비어있는 상태를 지적하기도 한다.

빈 마음을 무심無心이라고 한다. 비어있으니 채울 수 있다. 빈 단지에 김치를 담으면 김치단지가 되고 쌀을 넣으면 쌀단지로 바뀌고 물이 채워지면 물동이가 된다. 꽃을 꽂으면 화사한 꽃병이 되듯이 마음도 무엇을 담는가에 따라 청심과 욕심과 때로는 흑심이 된다. 그릇이 아니라 담기는 물건에 따라 이름이 붙는다. 그릇의 무심이야말로 사람이 감히 흉내 내기 어려운 공空이 아닐 수 없다.

그분은 건강이 좋지 않았다. 그분은 웬만하면 공부 시간에 빠지지 않았다. 서울에 정기치료를 하러 갈 때를 제외하고는. 부득불한 일이다. 당신이 오지 못하면 누군가에게 부탁하여 꽃을 보내주는 것만으로도 짐작할 수 있다. 그러던 분이 직접 구웠다며 은은한 청잣빛 화병을 가지고 왔다. 표면에는 '竹' 글자가 힘차게 뻗어있고 밑에는 "08. 6. 22 陳"이라는 글씨가 적혀 있었다. 처음이자 마지막으로 화병다운 화병을 갖고 오신 것이다.

다음 학기에는 나오지 못했다. 위중하다 했다. 다시 수년의 바람이 돌고 돌더니 돌아가셨다는 풍문이 들려왔다. 조그마한 체구에 정열이 터질 듯 매사에 최선을 다했고 재주가 넘쳤던 분이다. 사람은 사람을 알아보는 건가. 날더러 피가 뜨거운 남자라 했다. 다시 수년이 지나 공부하러 온 사람 중에 그분을 기억하는 여러 사람을 우연찮게 만나곤 한다. 그때마다 갑자기 더 친숙해지는 기분이 들곤 한다. 넘치는 끼와 재능과 인품이 좋았다는 추억담을 함께 나누고 폐를 끼치니 죽음을 알리지 말라 하고 훌훌 떠났다는 마지막 순간도 전해 듣는다.

12년이 지난 화병이 내 책상 위에 놓여 있다. 연구실을 떠나면서 많은 개인 사물을 불가피하게 정리했지만 죽병竹瓶은 고이 옮겨왔다. 무슨 의미로 그 글자가 새긴 화병을 남겼을까. 대나무처럼 늘 곧고 청청하라는 부탁일까. 속이 비어야 더 많이 베풀 수 있고 충充을 이룰 수 있다고 말하려 했을까.

꽃 선물을 받으면 그 화병에 꽃을 담는다. 처음 가져온 불두화를 기억하고, 수선화 올린 페트병을 생각하고, 늘 조용히 앉아 있던 자그만 체구를 떠올린다.

오늘은 화병이 비어있다. 빈 게 아니라 가슴 저미는 아픔이 가득 꽂혀있다.

와신기臥身記

햇볕에 그을린 바위들로 호젓하게 에두른 바다가 굽이를 틀었다. 끝머리쯤에 서너 채의 집이 멀찍이 보인다. 어두워질수록 해풍은 서늘해지는데 낙조에 반사된 갯벌이 피범벅으로 번득인다. 촉촉한 물기와 따뜻한 불기로 빚어진 막사발 빛이다. 열정으로 달구어진 여인의 피부를 떠올린다.

갯벌은 바다로 들어갈수록 단단했다. 파도 물결은 밀려올수록 질척거리면서 잔잔하게 숨을 죽였다. 변산반도의 음풍스러운 낙조와 농월스러운 수평선이 가느스름하게 눈 뜬 시야에 늘어져 있었다. 맨발로 걷다가 흥에 부풀어 밤 갯벌에 벌렁 누워버렸다.

흑갈색 갯벌이 마치 잘 익은 홍시 껍질 같다. 낮 동안 바닷물로 데워지고, 태양 빛으로 잘 데워진 기운이 등을 타고 정수리까지 올라왔다. 시선은 불타는 하늘을 향하고 등에 닿은 뻘은 부드러우면서 알맞게 단단하다.

밀물이 높게, 가까이 밀려온다. 덩달아 숨이 차오른다. 다른 피서객들은 어둠 탓인지 이미 사라져버렸다. 긴장감이 있으면 밀회의 쾌감은 높아지는 법, 홀랑 맨몸으로 눕기로 한다. 까슬한 모래알을 동행한 얕은 물살이 발끝부터 매끄럽게 등 쪽으로 올라온다. 그래, 몸을 죄다 맡긴 터에 밤늦도록 노닥거려야지. 하룻밤 인연인걸.

정말 못 말릴 년이지. 낮에 보면 별스럽지 않던 여자인데 밤에는 사람을 까무러치게 한다. 잘록한 곡선미는 찾아볼 수 없고, 소리는 아주까리를 삼키려다 목에 걸린 허스키 한 목소리일 따름이다. 한데 밤만 되면 뚝뚝 녹아내리는 치즈처럼, 때로는 사르르한 솜사탕처럼 온몸을 감싸는 통에 220볼트 전압에 덴 듯 벌렁거린다. 어둠 속 목소리는 어찌 들으면 쿵더쿵! 울리는 디딜방아이거나 내 몸을 가죽 삼아 두드리는 북채 같다. 모든 건반이 한꺼번에 울리는 파이프 오르간의 울림도 끼어있다. 이런저런 소리에 오금이 저절로 저려온다. 감싸며 휘감고, 핥으며 할퀴고, 두드리고 쥐어박는 모습은 발정난 암캐이고, 쓰다듬다가 슬쩍 꼬집는 손가락은 수컷의 기를 홀랑 빼먹고 달아나는 낙지의 다리 같다. 발가락을 거쳐 정강이를 지나 허리를 감고 가슴 건너 목덜미에 닿는 부드러운 애무가 별빛 밤을 넘긴다. 귓밥에 찰랑거리는 속삭임에 어찌 버틸까. 겉은 숙녀이지만 속은 요녀妖女다. 폭풍우 같은 숨결이 차오르는 기별이 전해온다 싶은데 꼬리를 뺀다. 감질난다. 아다지오로 급변하는 재주는 갯벌녀의 주특기다. 확 줘버리고 휙 돌아갈 요량이지. 방긋거리거나 깔깔거리며 눈웃음치는 웃음의 교태는 구름에 가려진 달빛을 닮았다. 애간장이 염분 물에 녹는다. 그냥 잡아잡수, 하는 수밖에. 그래도 오늘 하루뿐이니 양 가슴을 돌려 보드랍고 단단한 검은 피부와 마주한다. 그런데 새벽이 뿌옇게 다가온다. 멀리서 새소리가 들리니 가슴 한번 훑고 허벅지 쓰다듬고 정강이 지나 발바닥 거쳐 발가락 살그머니 잡아주곤 옷가지 챙겨 가려 한다. 아니 벌써, 그녀가 가는구나. 머리카락마다 뼈마다 속살마다 달래주지 못한 아쉬움이 때늦게 밀려온다. 모든 사랑이 하룻밤 인연인걸. 어쩌겠는가. 한숨도 자지 못해 비척거리는 몸을 일으켜 눈인사만 보낸다.

자알 가래이.

장마철도 아닌데 비는 남의 속도 모르고 열흘째 내린다. 비 기운을 마다하지 않는데 이번 비는 견뎌내기가 꽤 힘이 든다.

날씨 취향이 바뀌어서라기보다는 서해 출행 후 후유증일 거라고 짐작해 본다.

사람들은 사물을 본 후에 그것에 의미를 부여한다고 말한다. 하지만 곰곰이 생각해보면 앞뒤가 바뀌었다. 의미 있는 경험을 겪었기 때문에 그것과 어울리는 사물을 유심히 보거나 들으려 하는 것이다. "자라에게 놀란 가슴 솥뚜껑 보고 놀란다."는 격이다. 놀란 경험이 그냥 지나칠 뻔한 솥뚜껑을 보고 자라라 생각한다. 파도에 술렁인 마음이 빗소리에 귀를 기울이는 이유도 마찬가지다.

거실 바닥에 가만히 엎드린다. 가슴에 닿는 화문석이 갯벌 바닥 같아 몸을 바싹 붙여본다. 내 몸 쪽으로 찰박거리며 다가오던 갯벌 바닷물만큼 따뜻하지도 냉하지도 않다. 할 수 없이 눈을 감고 열린 베란다 창밖으로 귀를 모은다. 광안리 방파제에 부딪친 파도 소리가 희미하게 들려온다. 자동차 경적에 매번 그 소리가 막혀버린다. 갯벌을 가로질러 달려오던 물결소리가 일순간에 잘린다. 무엇이든 예고 없는 순간의 작별은 언제나 사별보다 더 슬프다.

부재不在는 그런 것이다. 몸에 익은 것이 곁을 떠나면 그리움이 새록거린다. 어쩌면 파도 소리에, 빗소리에, 바람소리에 그리고 사각거리는 낙엽에서조차 몸살이 난다면 아직은 살아있는 거다. 그게 다행이다. 살려면 상실의 통증을 감추거나 견뎌내야 하니까. 문득 서해 밀물이 속삭여주던 소리가 다시 들려온다.

"내년에 또 오세요. 더 잘해드릴게요."

초등학교 때 〈장마루촌의 이발사〉라는 영화를 봤다. 중학교 때는 동시 상영으로 〈마부〉, 고등학교 때는 〈미워도 다시 한 번〉, 대학교 졸업 무렵인가 〈별들의 고향〉을 봤다. 뭐가 그리 슬펐는지 눈물이 났다. 요즈음엔 그런 영화가 드물다. 한 번씩 삼류 영화관에 가서 갯벌 밀물 같은 청순 영화를 보며 눈물을 흘리고 싶다. 아, 삼류극장도 사라졌다.

4부 청령蜻蛉 씨와의 재회

가을에는 여시아문如是我聞을 실천할 때이다. “내가 그렇게 들었노라.” 가을 나무는 목숨줄 키워 목인木印으로 남는 존재이므로 보는 게 아니라 귀로 들어야 한다. 낙엽 지는 소리, 물 내려가는 소리, 풀벌레 우는 소리, 짐승 발자국 소리……. 갈색 잎도 갈색 흙 밑에 묻히듯이 ‘말하는 입’은 닫고 듣는 귀를 열자. 수필나무가 가을나무를 닮기를 바란다.

— 〈숲엔 그들이 산다〉 중에서

산타크루즈섬의 태양

"우리의 지난여름은 찬란하게 빛났다." 뮤지컬 영화 〈맘마미아〉의 주제곡 제목이 〈Our Last Summer〉다. 크로와상 아침 식사가 있고 햇살이 가득한 강변을 걸었던 추억을 지난여름에서 찾는 내용이다. 무더운 열기가 소이탄 파편처럼 대지에 마구 뿌려질지라도 여름은 활력의 계절일 뿐 아니라 때로는 가장 강렬한 추억을 남기는 시간이 된다. 태양이 가장 황홀한 열과 빛을 하사하는 군주라는 것은 누구도 부인하지 않는다. 만일 여름 태양이 병든 얼굴 같은 겨울해라면 어찌 우리의 여름은 찬란하였다고 노래할 수 있는가. 활활 피지 못하고 일찍 떨어져버린 운명이 아쉽고 서럽기만 할 것이다.

여름이 찬란하다고만 말하기는 어렵다. 더워서 매사가 성가

시고 힘에 부칠 때가 많다. 여름 햇살이 피부를 거칠게 태운다고 사방천지에서 불평한다. 어쩌다 퍼붓는 세찬 빗줄기가 내려도 시원하다 말하기보다 옷을 버려놓았다고 궁시렁거린다. 결국 여름은 늘 무덥고 메마르고 텁텁한 시간이다.

모두가 피로감에 눌려 있다. 속을 뚫어줄 청량한 소식을 듣고 싶지만 사회에서 일어나는 갖가지 사건들이 그런 기대를 무참히 깨뜨려 버린다. 선거가 끝난 지 몇 달이 지났건만 아직도 아이들의 욕보다 더 저질적인 욕설 싸움을 이어간다. 대학생들은 졸업 시즌이 다가오는 것을 두려워하고 일자리는 임시직이나 인턴뿐이다. 복지기금이 밑바닥에 닿기 전에 상당액이 누수되어 버리고, 원자력발전소는 부정부패의 공급원이 되어버렸다. 그래도 착한 국민들은 "지금이 여름이니까, 여름이니까 그렇지."라는 구실을 대며 인내심을 이어간다. 올여름은 찬란한 게 아니라 파란波瀾하다는 게 더 맞는 말이다.

태양은 단순히 열과 빛을 지구에 전송하는 천체구가 아니다. 태양은 생명체간의 비율을 조정하는 설계사 역할을 한다. 생태계의 지휘자로서 나무에게 인간이 먹을 과실을 충실히 맺으라고 타이른다. 인간들에게는 과일나무가 수행하는 인내와 희생심을 살펴보라고 가르친다.

나는 여름이 되면 과일나무에 경탄하곤 한다. 연한 껍질을 작열하는 태양에 고스란히 노출시켜 훈제하듯 제 속살을 익히는 과정을 상상하면 남을 위하여 뜨거운 적이 있었느냐고 묻는 시구조차 시시해진다. 진정 과일만큼 제 몸을 달구고 익히고 지지며 단맛을 고아내는 것이 있을까. 인간의 눈물이 짠맛을 낸다면 다디단 과즙은 하안거 같은 고행으로 고아낸 정액이라고 할 것이다. 그런 삶을 떠올리면 한철 무더위 속에서 잠시나마 과일의 인고를 흉내 내고 싶어진다.

나는 걷는 것을 좋아한다. 지쳐 주저앉을 때까지 걷고 싶을 때가 종종 있다. 그 꿈이 마침내 이루어졌다. 태양빛이 더없이 아름다운 캘리포니아의 벤추라 항구에서 2시간 거리에 있는 채널 아일랜드를 찾아갈 기회를 얻었다. 다섯 개의 무인도 중에서 가장 큰 섬이 산타크루즈 섬이라고 한다.

나는 그 섬에서 원도 한도 없이 햇빛으로 검어지기로 했다. 발이 뜨겁도록 걸어보기로 했다. 푸른 바다로 둘러싸인 호젓한 황톳길, 사람이라고는 사방 어디에서도 찾을 수 없는 황톳빛 길 줄기. 태양 아래 몸을 몽땅 드러낸 나체, 풀과 새와 파충류만이 살아가고 있는 무인도. 무엇보다 그곳엔 《주홍글씨》의 헤스터 프린이 붉은 A를 가슴에 달고 모욕과 수치심을 인내하여야 했던 한여름 정오의 태양이 떠있다. 내 몸 한 뼘이라도 가릴 수 없다면 차라리 모든 걸 드러낼 수밖에 없지 않은가. 나는 그곳에서 걷기 위해 걷고 싶었다. 목마른 걸음을 주시하는 붉은 외눈이 영혼을 불태울 때까지.

길은 태양열로 타들어가고 있었다. 엽록색을 모두 잃어버린 관목들은 갈색 뼈를 드러내어 온통 주황빛이다. 멀리 내려다보이는 바다의 물결만이 푸른빛일 뿐, 사방 천지가 붉고 누런 갈색이다. 채 반시간이 지나지 않아 내 몸이 갈옷 빛으로 변하기 시작한다. 산등성이를 넘으면서 태양만이 나를 지켜보고 있다는 안도감과 자유감이 차오른다. 무엇보다 움직이는 한 그루 나무라는 갱생의 기쁨이 몸을 시종 가볍게 해준다. 흘러내리는 땀이 증발하면서 팔뚝에 남긴 하얀 소금 가루를 핥으며 두 시간째 언덕을 오르내린다. 눈을 찌푸려가며 쳐다본 태양이 내 보폭에 맞추려는 듯 천천히 하늘을 돈다. 태우지 못하면 차라리 고사목처럼 바싹 말라버리면 좋을 걸. 비로소 여행자가 되었다는 기분, 내 몸 구석구석을 달구었다는 만족감, 무엇보다 존귀한 태양의 기운을 시혜 받았다는 희열이 몸에서 열꽃으로 피어난다. 나는 채널 아일랜드에서 비로소 진정한 여름과 대면했다는 증거를 갖게 되었다.

붉은 산타크루즈 섬에서 걷는다면 누구나 하늘 청靑, 바다 록綠, 태양 황黃, 색감에 숨을 죽인다. 누구보다 바다를 사랑하므로, 누구보다 바다 물기가 있어야 하므로, 무인도조차 나에게는 내 일부인 셈이다.

태양을 숭배하는 자는 진실하다. 이것은 희망이 아니라 예언이고 섭리이다. 여름마다 폭염과 무더위가 극심하다고 여긴다면 그건 태양 탓이 아니라 에어컨과 건물 그늘 밑에 몸을 숨기고 하늘의 외눈을 피하려는 핑계에 불과하다. 정치가를 위시하여 모든 사람이 청청 하늘에 태양이 있다는 사실을 망각했기 때문이라는 망상인들 어떤가. 여름이 되면 하루쯤은 망망하리만큼 텅 빈 들판을 걸으며 태양의 자식인 과일이 수행하는 고행을 본받고 싶다. 그 섭리를 잊어버린다면 어찌 태양이 떠 있으려 할 것인가.

청령蜻蛉 씨와의 재회

무더위가 느껴지는 늦봄 주말이었다. 일요일이면 슬며시 온 몸이 쑤셔서 그럴듯한 핑계를 업고 집을 나서곤 했다. 그즈음 심심찮게 가는 곳이 새로 생겼다. 해운대 달맞이고개에서 30분 정도 동해를 따라 달리면 다다르는 서생이라는 마을이다.

서생은 예로부터 배로 유명한 곳이어서 온 동네가 배꽃으로 하얗게 단장하는 봄 풍경에 마음이 절로 동한다. 언젠가 뜻 맞는 몇몇이 그곳을 일주하였는데 기대 이상으로 배꽃의 환한 호응이 반가웠다. 물이 올라 죽죽 뻗은 가지도 싱그러운 냄새를 한껏 풍겼다. 봉긋한 언덕과 야트막한 농가 사이엔 녹음방초의 시간이 한가롭게 머물러 있었다.

빈터에 차를 멈추었다. 수풀이 우거진 호젓한 길을 따라 내려

갔다. 몸은 이내 고부랑 길목에 의해 숨겨졌다. 이런 길에서는 마음이 몸을 앞선다. 숨이 가쁘다 싶으면 쉬어도 되고, 끝까지 아니 가고 중간에서 돌아와도 된다. 파릇한 이끼를 머금은 평돌이 군데군데 흩어져 놓인 곳에서 깊은 골이 베푸는 햇살과 적요를 즐겼다. 얼마만큼 시간이 지났을까. 어디서 날아왔는지 물잠자리 한 마리가 돌 위에 얌전하게 앉는다.

기별을 알리기 전에 나오는 주인처럼 반갑기 이를 데 없다. 낯선 객을 살피는 불룩한 눈매가 순박하고 가지런한 청록 줄무늬가 수놓아진 날개는 갓 다리미질을 한 도포자락처럼 정연하다. 산 개울에 거처하는 물잠자리답게 몸매도 청아하여 감히 범접하기 어려운 기개를 보여준다. 나는 그의 자세가 너무나 차분하여 몸을 움직일 수가 없었다. 대상에 따라 이렇게 별난 만남을 도출한다는 사실에 전율을 느낀 것도 모처럼의 일이다. 잠자리 날개에 비친 따뜻한 햇살이 푸르다 싶은 추억을 실어낸다.

친구의 허리를 가볍게 찌르는 기분으로 손을 내밀었다. 나보다 낮게 앉아 봄기운을 향유하는 그를 어찌해 보겠다는 생각보다는 무료함을 나누고 싶은 심사뿐이다. 실개천이 흐르는 소리 외에는 오감을 자극하는 것이 없는 터에 그의 출현은 더없이 고마운 일이 아닌가.

잠자리는 꼼짝하지 않는다. 현재에 머물러 있건만 예전에 지켜보았던 잠자리인 듯 여겨진다. 고등학생 시절에 누구나 그렇듯이 나도 사춘기바람을 탔다. 학교를 파하면 마음이 통하는 몇몇 친구와 어울려 경산 교외에 있는 저수지로 나갔다. 시외버스가 간혹 먼지를 날리며 멀리서 지나갈 뿐, 호젓한 저수지에는 해묵은 갈대가 울타리로 펼쳐 있었다. 하늘을 가득 채운 빨간 잠자리 떼는 땅과 돌과 풀잎을 가리지 않고 앉았다. 그 가운데서도 철갱이라 부르는 왕잠자리는 갈대 끝에 의젓하게 앉아 오래도록 바람의 시소를 타곤 했다. 그러면 고추잠자리를 포획하느라 부산을 떨던 나는 시간을 벗어나 동작을 멈춘 자세로 부동의 그를 한동안 지켜보았다.

학창시절의 나로 돌아가 앞에 정좌한 잠자리를 향해 천천히 손을 내밀어 본다. 땅에서는 손바닥 그림자가 그에게 이미 닿았지만 여전히 그것은 미동을 하지 않는다. 두 손을 모으면 손가락 사이에 잡힐 거리로 좁혀져도 여전히 그대로다. 이른 철이어서 기력이 없는지, 아니면 포로가 될 수 있다는 위험조차 깨닫지 못하고 묵상에 잠겼는지, 아무튼 날갯짓도 하지 않는다. 그 적막 속에서 꼼지락거리는 것은 내 손가락뿐이다. 멈칫하지 않을 수 없다. 무색해진 마음을 숨길까 하여 천천히 그리고 조용히 손을 거두기 시작했다. 만일 그 낌새를 알아차리고 달아나버리면 어찌하나 싶은 마음보다는 내 젊은 시절이 일순간에 사라질까 두려워 정말 조용히 조용히 손을 거두어들였다.

며칠이 지나도 아쉬움은 여전하였다. 그날 만난 잠자리는 겁이 없었다. 겁이 없다기보다는 겁을 초월하였다. 그는 한낮의 부드러움과 노곤한 온기를 즐기며 조용히, 아주 조용히 나의 의중을 시험한 셈이다. 그와 나 사이에 존재하는 짧은 거리를 위험의 간극이 아니라 친밀의 간격으로 간주하고 조금씩 다가오는 손가락을 면담의 신호로 풀이한 것이다. 어쩌면 그도 날개를 퍼덕이거나 고개를 돌려 화답할 생각을 품었을 것이 틀림이 없다. 그 시점에 앞서 내 손이 멀어지자 잠자리는 인간의 가벼운 변덕과 얄팍한 조급증에 실망해버린 건 아닐까.

그리고 참으로 오랜 세월이 지났다. 부슬부슬 내리는 빗줄기를 마다하지 않고 해인사를 찾았다. 뜨거운 여름 탓이 아니라 뜨거워진 속내를 식히고 싶어서다. 대웅전 옆을 끼고 산기슭으로 오르면 승탑으로 가는 호젓한 샛길이 있다. 말 그대로 해탈을 발원하는 스님들의 수행을 상징하는 탑으로 일반인들은 잘 알지 못한다. 하얀 마사가 깔린 조그마한 사각 터에 초연하게 서있는 3층 승탑을 한동안 지켜보았다. 내려오는 담벼락 길에 백일홍이 피어 있었다. 무언가를 이루려는 단심은 사람들의 시선을 피하는가. 그 꽃이 애처롭기보다는 경건히여 사진을 찍기 시작했다. 비는 여전히 내렸다. 그 때 잠자리 한 마리가 내가 찍고 있는 백일홍에 내려앉아 초점에 잡혔다. 비가 주룩 내리는데 잠자리가 날아온다. 그 잠자리도 몸이 뜨거워 비에 젖고 싶은가, 아니면 이름 모를 승려의 혼이 잠자리가 되어 잠시 빗속 누구와 이야기를 나누고 싶은 건가.

곤충도 자신에게 살가운 대상인가 아닌가를 알아차리는 능력이 있다. 지능이 높은 인간보다 감지력이 더 뛰어난 곤충도 적지 않다. 나는 잠자리를 지켜보면서 자신을 해코지하지 않으리라는 나의 마음을 처음부터 알아주었으면 싶었다. 한낮의 적적함을 깨려는 단순한 장난이 아니라 이야기를 건네려 하였던 적적함도 이해해 주면 했다. 무엇보다 철부지 장난기와 젊은 시절의 분방함을 가라앉힌 초로의 다정다감한 사람임을 믿어주기를 기대하였다.

청령감소철蜻蛉撼蘇鐵이라는 중국 속담이 있다. "잠자리가 소철나무를 흔들려 한다."는 말로써 할 수 없는 일을 한다는 풀이에 해당한다. 하지만 내 인생에 만난 두 마리의 잠자리는 가만히 있으면서도 내 마음을 깊게 흔들었다. 그 어느 경우든 나는 한적한 장소에서 자연의 철인인 청령 씨와 면담을 나눈 셈이다.

잠자리가 꽃 위에 얌전히 앉는다. 불룩한 눈매가 순하고 얇은 날개가 청포도처럼 말끔하다. 가만히 서로를 지켜보는 가운데 비는 내리고 승탑으로 가는 길은 호젓하기만 하다.

안투기眼鬪記

싸움감이다. 붙어볼 만하다. 멀리서 보아도 길 한복판에 버틴 형국이 제법이다. 아랫도리가 굵고 몸통이 널찍하고 양쪽으로 벌린 팔뚝이 힘깨나 쓸 것 같다. 쉽게 물러설 기색이 보이지 않는다. 씩씩거리는 숨소리에 겁이 조금 나지만 으름장 놓는 놈치고 싸움질 잘하는 경우는 보지 못했다. 그래도 다부진 적수를 만났다는 긴장을 늦추지 않고 마음을 다잡는다. 싸움 기가 솟아오른다.

나는 싸움을 싫어하는 편은 아니다. 내가 싸우는 것도 신나고 남의 싸움을 지켜보는 일은 놀부 심보의 반쯤은 될 것이다. 나잇값을 하느라 주먹다짐을 하지는 않지만 말싸움이라면 한결 신바람이 난다. 싸울 대상이 없으면 상상 속에서 치고 박는다.

짜릿하리만큼 생의 활기가 넘치는 일이다.

어릴 때는 한 주에 한 번 꼴로 싸움을 했다. 체구가 남달리 크지도 않고 개구쟁이도 아니었다. 동네 아이들과 붙으면 코피가 먼저 터지는 쪽은 대체로 나였지만 싸움에 져도 자존심은 상하지 않았다. 굳이 따지면 악착스럽게 이겨야 된다는 검투사의 투지보다는 싸움 자체를 즐기는 애호가를 닮았다랄까. 싸움의 유전자를 물려받았을지도 모른다고 짐작해 본다.

부친도 한번 붙었다 하면 대단했다. 체구가 당시로서는 장골이고, 목소리도 걸걸하고, 눈마저 부리부리했다. 고함을 한 번 지르면 골목 끝까지 상대방이 지레 달아나는 광경은 한두 번도 아니었다. 집안 일가도, 동네 사람도 근처에 오지를 못했다. 일흔이 넘어서까지 말썽을 부리는 동네 젊은이에게 대들듯 꾸짖곤 했다.

싸움은 흥정처럼 상대가 있어야 이루어진다. 눈초리만 치켜세우는데 상대가 굽실거리거나, 화를 돋우어도 시큰둥하면 싸움이 이루어지지 않는다. 그때 상대를 어찌하려는 짓은 아마추어의 분풀이에 불과하다. 진정한 싸움꾼은 상대가 악을 퍼붓게 하고, 주먹질이나 발길질을 하도록 부추기는 재주가 있어야 한다. 그렇게 되려면 무엇이든 죽어라 하고 물고 늘어져야 한다.

세상에는 싸움꾼보다 싸움을 피하려는 사람이 훨씬 많다. 싸움을 걸어도 응하지 않으면, 수양이 된 사람이거나 무골호인이다. 깝죽대는 상대를 못 본 척할 정도면 덕과 인품을 지녔다 하겠고, 남이 거는 싸움에 쉽사리 동하지 않는다면 진짜 싸움꾼에 속한다 하겠다. 그런 사람과 겨룬다면 싸움의 재미는 형언하기 어려울 테다.

근래 싸움에 재미를 붙였다. 힘이 예전만 못하기 때문에 주먹질이나 발길질은 하지 않는다. 방법도, 대상도 바뀐 눈 싸움질이다. 무엇이든 눈에 띄면 시비를 건다. 노려보고, 째려보고, 쏘아본다. 쌍심지도 켠다. 최근에는 볼썽사나운 벚나무, 석주 모양의 교각, 지하실 골목의 길냥이 같은 것들을 내 싸움감으로 삼는다. 그런데 그 놈들은 아무리 못되게 괴롭혀도 상대를 해주지 않으려 한다. 시퉁한 놈들이다. 부득불 멀리 원정 싸움을 나서기로 했다.

그 작자다. 요놈과 한판 해보자고 작심하고 두세 걸음을 사이에 두고 마주 섰다. 내연산 보경사 600년 생 회화나무라고 신분을 낭당하게 밝히는 것으로 보아 결투를 시작할 때의 에티켓은 제법 익힌 것으로 보인다. 그렇다고 방심하다가는 허점을 보일 수 있다. 예의는 예의이고, 전술은 전술이다. 다짜고짜 대들어야 한다.

기 싸움이다. 악담을 퍼붓는다. 밑둥치가 썩어내려 뒷발만 슬쩍 걸어도 넘어지겠다고 피식 웃어준다. 허우대뿐, 실하지 않다고 속을 뒤집어 준다. 불쏘시개가 벌써 되었어야 할 폐목이다. 온몸에 링거 병을 매달고 있는 처량한 식물일 따름이다, 그 주제에 길 한복판을 차지하고 있다고 거푸 쏘아준다. 꼴같잖은 재주나 피운다고 마지막 침을 놓는다. 묵묵부답이다.

본격적으로 싸움이 시작된다. 키가 작아도 얕보지 말라는 거만한 표정으로 쳐다본다. 주먹질이든, 업어치기든, 특기를 보이라고 을박지른다. 팔을 휘두르며 빈틈을 찾아 아웃복싱 스텝으로 날렵하게 둘러본다. 인파이터 선수가 된 양 잽싸게 달려들어 복부쯤 되는 둥치를 툭툭 친다. 그러면서도 가지와 줄기와 잎에서는 한 치도 눈을 떼지 않는 까닭은 조그만 허점도 허용하지 않는 싸움꾼의 근성을 보여주고 싶어서다. 싸움쟁이 유전자를 이어받은 내가 아닌가.

웬만한 시간이 지났나 보다. 서서히 어깨에서 힘이 빠지는 느낌이다. 빙글빙글 돌다 보니 발은 헛디뎌지고 눈도 어지러워진다. 이 순간을 놓치지 않겠다는 투로 그놈이 알 수 없는 괴력으로 내게 달려든다. 내리누르는 우악스러운 기세에 힘이 단번에 빠지면서 일격을 당한 풋내기 씨름선수처럼 나도 모르게 뒤로 비틀거린다. 천수千手의 거구가 내 몸을 짓누른다.

내가 쟁이면 그놈은 고수다. 내가 꾼이면 그놈은 달인이다.

포인터로 승부를 내려는 내 속셈을 훤히 꿰고 있다. 말대꾸를 않고, 맞주먹도 내지르지 않는다. 알고 보니 자신의 싸움질 순서에 맞춰 나를 골탕먹였다. 멍하게 고개를 들어보니 그 모습 그대로다. 노회한 영목靈木 한 그루가 당당하게 서 있다.

싸움을 하면 하다못해 상대방의 머리털 하나라도 뽑아야 재미다. 그런데 그 나무와 한동안 싸웠지만 아무것도 얻지도, 빼앗지도 못했다. 눈싸움에 능한 재주를 잔뜩 믿었는데, 힘도, 말도, 심기마저 밑진다. 물려받았다는 싸움꾼의 유전자마저 의심스러워진다.

악기惡氣에 가까운 정기가 없으면 한 그루의 나무와 견줄 수 없다. 한 편의 글을 이루려면 먼저 핏발서린 눈 싸움질이 있어야 한다. 그런 연후에 독심毒心이 독심讀心으로 바뀔 수만 있다면 글을 조금은 안다고 할 것이다.

근래 보경사에 들렀다. 회화나무는 세월과 태풍의 힘을 이기지 못하고 쓰러졌다. 다행스럽게 어린 회화나무가 싹을 틔워 자라고 있다. 나의 회화나무도 세월에는 이기지 못하니 어디서 다시 안투의 호적수를 찾을 수 있을까.

숲엔 그들이 산다

숲에는 사람이 산다.

푸르고 착하고 순한 사람들이 산다.

그 사람들은 늘 꼿꼿하게 서서 하늘을 바라보고 두 발로는 단단하게 땅을 딛는다.

그 사람들은 날씨가 달라지고 봄 여름 가을 겨울로 계절이 바뀌어도 미소를 짓는다. 햇살이 비추고 달빛이 머물고 비가 내리고 눈이 와도 그 자리가 행복하다.

오, 정결한 지조여, 청순한 오기여.

그 사람들은 숲에 산다.

여리면서 단단하고 외로우면서 힘센 사람들이 숲에 산다.

그 사람들은 모든 때를 한 자리에서 맞이하므로 믿음직하고 정겹다.

그 사람들을 찾아 마을 사람들이 오고 시골 사람들이 오고 큰 동네 사람들이 찾아온다.

그들이 있어 뫼가 푸르고 들판의 물이 맑고 꽃 냄새가 다른 마을 마실 동네 고을까지 간다.

오, 향기로운 인품이여, 자애로운 존재여.

그런 숲 사람이 있어 나는 오늘도 창을 연다. 창으로 들어오는 숲 사람의 이야기를 들으며 웃고 운다.

지난해도 그랬고 올해도 그러하고 다음해도 그러하리라.

다시 한 해가 거의 지나간다. 가을에 되면 거듭 돋아나는 나무가 있다. 신기하여라. 어찌 나무가 단번에 18호의 수령으로 키를 키울까. 어찌 열다섯 해의 몸피를 지닐까. 어찌 일흔에 가까운 뿌리를 뻗칠까. 어찌 삼백 쪽에 가까운 가지를 뻗칠까. 그게 수필나무다.

그래서 나는 수필나무를 사랑한다.

유시유종. 시작이 있으면 끝이 있다. 그러나 시작이 있어도 끝이 없는 게 있다. "인생은 짧고 예술은 길다."라는 말이다. 무릇 작가는 한 편의 글로 자신의 운명을 불멸로 만든다.

그래서 나는 수필나무를 정말 사랑한다.

벌판이든 산이든 나무 한 그루만으로는 살기 힘들다. 바람에 쉽게 넘어진다. 나무가 모여 숲을 이루면 어떤 비바람도 막아 서로를 지킨다. 짐승들이 살 둥지를 만들어 그들과 함께 산다. 물이 사철 흐르고 땅이 기름진다. 사람들은 사랑도 한다. 나무들이 있어서 그렇다.

그래서 나는 수필나무를 참으로 사랑한다.

가을에는 여시아문如是我聞을 실천할 때이다. "내가 그렇게 들었노라." 가을 나무는 목숨줄 키워 목인木印으로 남는 존재이므로 보는 게 아니라 귀로 들어야 한다. 낙엽 지는 소리, 물 내려가는 소리, 풀벌레 우는 소리, 짐승 발걸음 소리……. 갈색 잎도 갈색 흙 밑에 묻히듯이 '말하는 입'은 닫고 듣는 귀를 열자. 수필나무가 가을나무를 닮기를 바란다.

그래서 나는 수필나무를 더없이 사랑한다.

가을이면 나무는 직립의 모습을 서서히 드러낸다. 인간도 그 옛날에 손을 땅에서 떼고 일어서면서 수직의 몸을 세웠다. 손이 자유롭고 귀가 열리면서 자유와 실존을 깨달았다. 부경수필도 그런 나무가 되기를 원한다.

그래서 나는 수필나무를 사랑하고 사랑한다.

도꼬마리

세월에는 늘 뭔가 붙어다닌다. 젊은 철부지일 때는 욕심이, 오만이, 부주의가 붙어있다. 나이를 먹으면 이번에는 미련이 그림자처럼 뒤따른다. 그러다가 나이를 더 먹으면 즐길 만큼 즐겼으니 지금부터 마음을 비우라 말한다. 하지만 더 채우고 싶어지는 욕심은 변하지 않는다. 인생살이가 노련해졌겠다, 세상을 보는 눈이 깊어졌겠다, 할 만큼 했지만 여전히 할 일이 많은 것 같다고 여긴다. 그냥 살아도 살 만한 반환점에서 멈추라면 지금까지의 무사주행이 누구에게나 아쉬운 법이다.

사람은 자동차처럼 브레이크를 밟을 수 없다. 과유불급과 탐진치貪瞋癡라는 말이 있지만 강변에 가면 하다못해 조약돌 하나라도 주머니에 넣어 와야 마음이 편해지는 게 사람이다. 포기하는 척하지만 사실은 쥘 수만 있다면 더 많이, 더 오래 돈이나 명예를 지니고 싶어 한다. 그러니 산에 가도 뭔가가 몸에 붙었으면 하고 바란다. 나는 이걸 '도꼬마리증후군'이라고 부르고 싶다.

도꼬마리는 일년생 야생초이다. 성질이 집요하여 도깨비바늘이나 찍찍이 족속처럼 몸에 일단 달라붙으면 좀처럼 떨어지지 않는다. 일순간에 들러붙어버린다. 살던 곳을 버리고 나 몰라라 붙은 모양이지만 스치는 우연에 모든 여생을 맡기는 모습을 지켜보면 그 단호한 순간 결심에 고개를 숙이게 된다. 어디든 인연 따라 뿌리를 내리겠다는 작심을 하고 있으니 해탈의 존재랄까. 결국 만나는 건 우연이고 떨어지는 건 의지이니, 도꼬마리 하나에서 별리의 정한을 새삼 되살리기도 한다.

나는 한가로운 가을 시간이 생기면 인적이 드문 야산을 찾아간다. 산비탈 도로를 오르면 바람이 사방에서 불어오는 잡목 등성이에 다다른다. 푸르면 푸른 대로 누르면 누른 대로 얼마나 조용한가 감탄한다. 그냥 조용히 고개를 숙인 그들을 보면 이유도 없이 애잔하다. 잡목과 잡초들이 서로 어깨에 걸치듯 사방팔방 엉킨 풍경을 보면 홀로 동떨어진 자가 측은해질 수밖에. 무명無名의 잡풀들도 외로움을 싫어한다는 걸 알 수 있다.

그럴 땐 묵묵히 그들 사이를 걷는다. 잡초와 잡목과 잡토로 이루어진 호젓한 산속에서 잡인雜人이 된 게 그렇게 행복할 수가 없다. 출신도 신분도 필요가 없다. 잡풀인 도꼬마리도 반듯한 길을 마다하고 사람의 출입이 뜸하지만 언젠가는 누군가 찾아올 만한 곳에서 뿌리 내렸다.

지나가는 누군가를 놓치지 않겠다는 의지로 일 년 사계를 묵묵히 견디는 깡아리를 보면 도꼬마리가 보여주는 철학이 경이롭기만 하다. 나는 그런 곳을 지나치면 일부러 그들의 몸에 내 몸을 비비듯 스치며 지나간다. 때맞추어 산바람이 불면 도꼬마리는 기회를 잡았다는 표정으로 내 옷에 붙는다. "길게 자란 얼룩풀 사이를 걸어 세월이 다 흐를 때까지 따려 하오 달의 은빛 사과를 해의 금빛사과를"이라고 예이츠는 시 〈방랑자 앵거스의 노래〉에서 읊었다. 예이츠는 실연한 앵거스의 세상 방랑을 통해 다시 사랑을 붙잡으려 한다. 다시 만나는 사랑의 인연에 마음을 붙이려는 모습을 보는 것 같아 이쪽에서 몸을 먼저 기울이고 싶은 게 또한 도꼬마리다.

도꼬마리는 여름 동안 노란 풀꽃으로 지내지만 스산한 바람이 불면 제 본색을 드러낸다. 잡목 속에 숨어 있는 모습이 제 앞 못 챙기는 맹순이로 여겨진다. 맹순이 같은 도꼬마리가 일생에 단 한 번 애교와 집념을 보이는 때가 지금이다. 물기 오르던 줄기가 마르고 꽃잎이 떨어져 여윈 모습이 되었을 때다. 누군가의 몸을 빌려야 삶이 이어진다는 것을 본능적으로 자각하는 때이기도 하다. 숙주의 몸에 붙는 순간의 민첩성을 미워할 수도, 거부할 수도 없다. 그 몸짓은 당신만이 새 땅으로 인도해 줄 수 있다는 구원의 호소가 아닐까.

어린 시절에 도꼬마리 놀이를 했다. 한 움큼 딴 도꼬마리를 들고 돌아다니며 친구들의 등에 던지기도 하고 나뭇가지에 옷을 걸치고 도꼬마리를 던져 점수를 올리는 장난을 했다. 서양의 다트 게임은 중앙 표적과의 원근에 따라 점수가 정해지지만 도꼬마리 던지기는 붙은 개수로 승부를 가린다. 붙어 있는 모양을 보면 힘센 근육질 팔보다 죽은 시신을 깍지 낀 악력 같은 집요함이 느껴진다. 그 기세를 이해하면 바짓단에 붙은 들풀 한 줄기를 쉽사리 떼어낼 수 없다.

나는 종종 글쓰기가 도꼬마리를 닮았다고 여긴다. 글감과 작가와의 관계가 도꼬마리 같다. 소재는 늘 작가의 생각 속으로 들어오려고 하는데 정작 작가는 무심히 지나치거나 간신히 붙은 소재를 쉬 떼어버린다. 소재는 언제나 새로운 장소에서 새로운 생명으로 태어난다. 거센 바람이 몰아치는 빈 들판에서 손을 잡아 달라며 가을 도꼬마리가 몸을 떨고 있다고 생각하면 글로 아니 쓸 수가 없다.

글이 아니라도 상관이 없다. 종종 누구나 경험하는 일이지만,

산길을 쏘다닌 후 옷에 도꼬마리 하나 붙어있지 않으면 실망이 이만저만이 아니다. 내가 얼마나 못났으면 도꼬마리조차 외면할까 하는 자괴심 때문이다. 진흙탕 길을 걸으면 신발에 흙이 묻고 들판을 돌아다니면 바짓단에 풀잎 하나라도 붙어야 한다. 그렇게 생각하면 못난이 도꼬마리가 참으로 귀한 손님으로 여겨진다.

도꼬마리는 열매나 꽃으로 기억되는 산등성이 풀이 아니다. 오직 꽃잎을 모두 바람에 날려버린 후에야 가시에 해당하는 돌기로 자신을 보여주는 집념의 들풀이다. 그 가시는 나그네에게 상처를 입히려는 게 아니라 동행을 청하는 손길이다.

파스스… 파스스….

가을이 다가올 무렵, 도꼬마리를 만나러 야산으로 간다. 외진 산중턱 어딘가에서 마냥 기다리며 버티는 것, 몸을 여위는 기다림이 어디 도꼬마리뿐인가. 그런 만남이 세상일이다 생각하면 가을 목덜미가 참으로 스산하다.

야野와 끼氣

시류에 따라 무엇이든 새로 생기고 사라진다. 물건이 그렇지만 유행이나 풍조나 언어도 생겼다가 사라진다. 문명이 발전하고 문화가 향상할수록 생성과 소멸의 빈도는 더 빈번해진다. 사라지고 힘을 잃어가는 것 중의 하나가 품행, 품위, 품격이라는 말이다. 체통보다는 실리를 중시하는 시대 풍조를 반영한다고 하겠다.

"야한 여자가 좋다."는 말로 사람들의 입방아에 오르내렸던 마 교수가 세상을 떠난 지도 3년이 흘렀다. 그를 새삼 거론하는 것은 인텔리의 숨겨진 성적 리비도를 밝혀보고자 함이 아니라 한국의 성문화를 거론하는 가운데 끼와 야함의 의미가 잘못 전달된 것이 안타까워서다.

고인을 만나거나 통화를 나눈 적이 없지만 남다른 인연을 가지고 있다. 《현대수필》에서 주관하는 구름카페문학상을 마 교수가 두 번째로 수상한 후 그의 삶과 문학에 대한 작가론을 필자가 게재한 것이다. 그의 작품 전반을 살피면서 느낀 소회는 국문과 교수이면서 소설가이고 에세이스트로 문재文才를 날렸지만 시대가 그를 외면한 게 아닌가 하는 점이었다. 참으로 애석했다. 학문의 자유를 최고의 미덕으로 삼는 학계조차 그를 받아주려 하지 않았다.

마 교수는 〈나의 이력서〉에서 평탄치 않은 생애를 스스로 적었다. 그는 《나는 야한 여자가 좋다》라는 책을 낸 후 품위 실추, 징계, 긴급 체포, 수감, 교수직 박탈, 집단 따돌림, 우울증, 휴직, 은둔, 그리고 초라한 죽음을 맞이했다. 하지만 이런 징벌적 용어보다는 프로이트, 탐미주의자, 페티시즘, 야성, 리비도, 성담론, 예술적 승화 등의 뜻을 알면 그의 문학과 인생론을 더 정확하게 이해할 수 있다.

마 교수는 교수이기 이전에 작가이다. "점잖은 도덕선생"을 가장하는 것은 자질이 나쁜 작가나 하는 짓이라고 하였다. 문학은 "창조적 반항"이며 "관습적 통념과 억압적 윤리에 대한 도전"이라고 여겼다. 그의 《장미여관》은 성적 판타지의 상상계이며 사라는 인형의 집에 갇힌 노라와 반대되는 상상 속의 여성이다.

사라는 라라, 헤라, 로라로 변하면서 마 교수가 동행하고 싶은 여자의 아이콘이었다. 이 여성들은 야성의 개척자로서 과거보다 미래에, 도덕보다 본능에, 질서보다 자유에, 정신보다 육체에, 전체보다 개인에, 절제보다 쾌락의 가치를 위해 마 교수와 함께 싸웠다. 시대의 전환기마다 등장하는 자유여성, 신여성, 전위여성들에 가깝다.

마 교수에게 '야'는 야하다의 개념과 전혀 다르다. 필자도 야하다의 어원은 '야野'라고 여긴다. 야하다는 뜻은 거칠고 촌스럽고 어딘가 민망스럽다는 말과 같다. 가령 2센티미터가 넘는 마스카라를 눈썹에 달거나 짙푸른 매니큐어를 발톱에 칠하면 야하게 보인다. 갖가지 색깔로 머리칼을 물들이고 허벅지나 젖가슴의 상당 부분을 드러내면 꼴불견이라고 삐죽거린다. 아주 갔다고도 한다. 이런 것은 진짜 야한 게 아니다. 마 교수는 《나는 야한 여자가 좋다》에서 야한 사람을 "보다 솔직하게 스스로의 본능을 드러내는 사람" "자연의 본성을 거스르지 않는 사람" "자신의 아름다움을 천진난만하고 원시적인 열정으로 가꿔가는 사람"이라 정의하였다. 천박한 꾸밈이 아니라 본성에서 우러나오는 아름다운 끼를 지칭한 것이다.

끼는 야한 것과 다르다. 끼는 기氣로서 생명의 근원이고 존재의 동력이다. 신이 인간을 창조한 뒤 숨결을 불어넣은 후로 기가 있어 목숨을 이어간다. 기쓰다, 기 펴다, 기죽다라는 말이 의미하듯이 끼는 이理와 음양을 구성한다. 기는 공기보다 부드럽고 향기보다 감성적이고 불보다 열정적이면서도 찬연하고 화려하고 감각적이다. 그래서 끼는 죽어도 지키고 싶고 속이 진공이 되도록 마냥 소진하고 싶어진다. 끼 없는 암컷이 어찌 이理가 충만한 수컷과 짝이 될 것인가. 끼 없는 모태는 만물의 조화를 일으키지 못한다.

끼는 후천적이라기보다는 천부적天賦的이다. 원한다고 가질 수 없고 거부하려 하여도 주어진다. 천성적인 징벌이면서 천혜의 축복이랄까. 개인의 삶을 역사로 바꾸는 영약이며 융이 말한 잠재의식으로서 맑고 투명한 심층수와 같다. 이처럼 끼는 야한 것과 달리 생득적이고 본능적이며 원초적이다.

누구나 끼를 원하면서 두려워한다. 야한 것이 좋으냐, 끼가 좋으냐고 선택하라면 대부분 끼를 원한다고 말할 것이다. 기회가 주어진다면 이왕 끼 있는 사람을 사귀고 싶다고 고백도 할 것이다.

그런데 어찌된 영문인지 어느 때부턴가 끼는 야한 것과 동의어가 되어 버렸다. 끼 있는 여자는 팔자가 드세어 집안을 망치고, 신세가 순탄치 않다고 입방아를 찧었다. 그 탓에 많은 재능 있는 여인들이 불운하게 삶을 마감하였다. '어우동'과 '자유부인'

이 그랬다. 미국의 재클린이며 영국의 다이애나 왕세자비도 예외가 아니다. 셰익스피어는 "클레오파트라의 그곳은 로마의 모든 군단과 전함을 다 쓸어 담아도 메꿀 수 없다."고 탄식했다. 그러니 '끼있다'라는 말은 야하거나 색色하고는 다르다.

어느 분야든 이름을 날리려면 끼가 필요하다. 문인이나 음악가로 대성하려면 끼가 철철 넘쳐야 한다. 문文끼와 예藝끼와 체體끼라는 내공이 있어야 조금이라도 될 수 있는 게 요즈음 세월이다.

끼가 문제라면 끼가 많기 때문이 아니다. 끼를 흘려보내는 사회의 혈관이 막힌 게 문제이다. "개천에서 용 난다."는 속담이 사라지고 금수저가 판치는 것도 끼를 지닌 자를 억누르려는 시대 풍조 탓이다. 그 사회는 제대로 성장하지 못한다. 우리 사회가 제대로 나아가지 못한다고 모두가 걱정이다. 모든 것이 막힌다. 돈줄도 막히고 언로言路도 막힌다. 국민들이 마스크를 써야 하는 요즈음 더욱 숨이 막히는 것은 이러한 사회 구조 탓이다. 갈수록 경직되어 가는 사회를 바라보면서 마 교수의 야野론을 다시 생각해본다.

5부 엔딩

정년을 앞둔 12월 중순, 고별강연을 했다. 마지막 인사를 하고 학생들의 박수를 받으며 강의실 출입문을 열었다. 차가운 바람이 멈춘 복도가 조용히 내 몸을 받아주었다. 학생들이 준 장미꽃 향기가 복도 가득 번졌다. 등 뒤로 강의실 문을 닫았다. 학생들이 고맙게도 나에게 로맨틱 프로페서라는 별명을 붙여 주었다는 이야기를 나중에 외국인 교수에게서 들었다. 36년의 교직생활이 헛되지 않았다고 여겼다. 복도를 거쳐 연구실에 돌아오는 동안 아무 생각도 하지 않기로 했다.

— 〈엔딩〉 중에서

튀기 인간

대구는 내가 성장한 곳이다. 청도에서 태어났지만 초·중·고·대학을 대구에서 마쳤으니 실질적인 성장지는 대구이다. 그런데 지금 나는 40년 가까이 부산에서 산다. 대구 반, 부산 반의 겹인생이다. 순수 대구인도 아니고, 순수 부산인도 아니다. 그냥 잡종이다.

이런 신세가 한 번씩 어지럼증을 일으킨다. 몸이 대구라면 마음은 부산이랄까. 한 발은 육지에, 다른 발은 바닷물에 담근 셈이랄까. 〈내 마음 나도 몰라〉라는 대중가요가 있는데 내 거처에 지금도 여전히 '나도 몰라' 하는 마음이다.

내 수필도 그렇다. 아무리 들여다보아도 순종이 아니다. 내륙성과 해양성을 합쳤다. 동양적이면서 서구적이다. 이땐 튀기나 잡종이라는 말보다는 '융합'이니 '통섭'이니 하는 비평용어를 사용한다. 혼성이라는 말도 붙일 만하다. 예로부터 동일 사물이라도 어떻게 부르느냐에 따라 격이 달라지고 의미도 변한다고 했다.

그런 이유인지 모르나 대구로 향하면 마음이 꽤 설렌다. 대학 친구를 만나러 갈 때, 문학모임이 있어 KTX를 탈 때, 집안에 일이 있어 신부산대구고속도로를 달릴 때, 하다못해 서울로 갈 때 대구 지역을 지나면 마음이 설렌다. 부산 갈매기에서 대구 문디로 변한다. 부산으로 내려올 때는 문디에서 갈매기로 다시 바뀐다. 뭐 '다 와 가는구나.' 하는 기분이다. 그 혼성의 순환이 은근히 즐겁다.

문학을 연구하는 강단 밥벌이가 주업이었지만 얼마 지나지 않아 문학과 연애하게 되었다. 학문지조론에 문학연애론이 붙었으니 이래저래 이야깃거리가 생기기 마련이다.

학문이든 문학이든 책은 나를 지키는 견고한 성벽이었다. 나를 내세울 수 있는 혼혈이기도 했다. 초등학교 때부터 대학 때까지 나이에 앞선 책을 읽는 가운데 감수성과 상상력이 조금은 조숙했지만 대학을 마칠 때까지 학문과 문학을 양 부모로 모실 줄은 예감하지 못하였다. 그런데 남보다 이른 나이에 대학 강단에 섰고 늦깎이로 문단에 등단을 하면서 낮에는 영문학을 하고,

밤에는 수필을 쓰기 시작했다. 내 팔자가 튀기라고 여기면서 두 반려자를 가져도 좋겠다고 여겼다.

문학창작은 남보다 늦은 편이다. 그것을 다행으로 여긴다. 만일 일찍 시작하여 분수도 모르는 욕심을 가졌다면 어찌할 뻔했는가. 아무튼 학문과 문학은 모두 무에서 유를 창조하는 정신적 양성론이므로 어찌 하늘에서 그냥 뚝 떨어질 수 있는가. 그 재주는 신이 잠시 빌려준 소명에 불과하다.

오랫동안 두 집 살림을 꾸려왔다. 낮 일, 밤 살림 격이다. 낮에는 학생을 가르치고 문학작품을 연구한 후에 해가 지면 작은 집으로 갔다. 어둠 속에서 바라보는 문학은 정말 정부情婦 같다. 그녀는 모든 것을 빼앗고 훔쳐간다. 내 가슴을 휘어잡고 못살게 굴기도 했다.

어느 순간에 학문이 작은집이 되고 문학이 본집이 되었다. 그 변화는 예정된 것이지만 그나마 다행이었다. 만일 문학을 떠나보내고 학문만 붙잡았다면 견딜 수 없었을 것이다. 물론 문학이 없으면 죽겠다는 말은 하지 않을 것이다. 그런 말을 하면 말이 씨가 된다고 문학도 떠날지 모르기 때문이다. 튀기 혼혈인도 살다 보면 한쪽 피에 더 정이 가기 마련이다. 한때 두 집 살림이었지만 이젠 나이도 있으니 한집 살림이라도 충실해야 할 게 아닌가.

2016년 노벨문학상을 수상한 영예의 인물은 예상 밖으로 시인이나 소설가가 아니라 대중팝가수인 밥 딜런이다. 수상자의 신분과 자격을 두고 문학의 순수성이 훼손되었다는 비난이 세계문단에서 일어났지만 내 생각은 달랐다. 밥 딜런이 누구인가. 쉽게 말하면 현대판 그리스로마 시대의 음유시인이다. 그 때의 음유시인들은 마을 마을로 유랑하면서 나라의 영웅이나 건국설화나 애절한 사랑을 악기를 타며 노래했다. 빼어난 암기력과 가창력과 연기력을 지닌 일인 예술가였다. 그가 있어 한 나라의 역사가 이어져 내려가니 요즈음의 팝가수인 셈이다. 밥 딜런은 자신의 음악성과 문학적 재능을 합쳐 현대문학으로 부활시킨 점에서 평가를 받는다. 그의 수상은 문학은 오직 펜으로만 표현된다는 고정관념을 깬 스웨덴 한림원의 신 발상에서 비롯한다. 그 충격파를 맞이하는 우리들은 현대문학의 기능이 무엇인가를 생각할 필요가 있다.

모든 가사마다 인간의 절절한 삶이 흐른다. 가락은 민중을 위로하고 위안을 준다. 힐링이라는 어조가 깔려있는 가수의 목소리는 웃음과 눈물로 상처를 어루만져 준다. 음악의 선율과 언어의 이미지가 융합을 이루어낸 것이다. 융합으로 마음을 움직이는 것, 배타적으로 존재해온 순혈주의가 더 이상 감동을 주지 못한다랄까. 아니면 경종을 울렸다랄까.

2017년 노벨문학상 수상자인 가즈오 이시구로(63)는 영국의 12번째 수상자다. 2015년 르포 문학가인 스베틀라나 알렉시예비치, 2016년 대중가요 창작자이자 가수인 밥 딜런에 이어 문학 본류 작가에게 노벨상이 주어졌다는 평가이지만 항상 일본 출신이라는 소개가 붙듯이 그도 정신적 혼혈이다. 1989년 맨부커상을 수상한 세 번째 소설《남아 있는 나날》은 20세기 전반기 영국의 귀족사회와 충직한 집사 스티븐슨의 이야기를 펼친다. 이시구로의 문학도 통섭과 국제화를 구현한다.

수필은 작가 개인의 회상이면서 모두의 상상이다. 문학은 작가의 역량과 환경간의 상호작용으로 이루어진다. 난 부산 사람이면서 대구 사람이다. 영문학을 하고 국문학도 한다. 창작도 하고 평론도 한다. 분명 문학의 혼종이다. 난 그게 좋다, 튀기인간, 튀기수필가, 대구와 부산을 오르내리는 이도작가二道作家.

엔딩

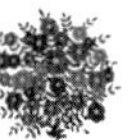

대학 강단 36년이 일장춘몽이다. 되새겨보면 그리움과 아쉬움의 변주곡이거나 한 편의 총천연색 영화처럼 보인다. 스물아홉 풋내기 청년이 흰머리를 쓴 야인이 되도록 한 교문만을 들락거린 장면으로 이루어진 영화는 싱겁고 재미가 없다. 서부영화 같은 활극이 없어 평온하지만 사람을 태우는 나룻배에 폭설이나 태풍이 닥치면 곤란하다. 직장 생활을 한 사람이라면 알겠지만 그곳에서 보낸 세월이 무논에 물꼬를 텄다 막았다 하는 정도 이상의 변화가 있으면 힘들다.

'첫'이라는 말이 사람을 싱숭생숭하게 만든다. 첫 나들이, 첫 데이트, 첫 선물, 첫 편지……. 장소든 시간이든, 사람이든 물건이든, '첫'이 붙으면 가슴이 설렌다. 꽃도 이름을 불러주면 다가

온다는데 처음이라는 인印을 찍으면 어찌 남다른 인연이 생겨나지 않을까. 후일 회상하면 큰 사건도 아니건만 가슴이 울렁거리면 정말 그랬던가 하는 놀람과 의문이 생겨난다. 생이란 꼼꼼히 들여다보면 매일매일 '첫'이라는 만남과 작별로 이어지는 게 사실이다.

학교에 근무하는 선생의 연중행사는 학생들을 만나고 헤어지는 것이다. 그중에서 첫 제자들과 상면한 것이 남다른 영상으로 남아 아직도 잊히지 않는다. 1991년 3월 1일은 3 · 1운동 72주년을 맞이하는 날이었다. 다음날 아침 "인문사회과학대학 영어영문학과 근무를 명함"이라는 발령 통지서를 총장실에서 받았다. 한 시간 후 20명의 알토란 같은 제자들과 상견례를 했다. 얼굴이 앳되고 발그스레한 새내기 영문과 여학생들이었다. 단발머리에 숙녀 복장이 어울리지 않아 어딘가 어설퍼 보이는 고만고만한 학생들이 투박한 책상을 앞에 두고 앉아 있었다. 교실 밖에는 누런 잔디 위로 차가운 바람이 흘렀다. 학생들도 서로가 낯설어 빤히 나만 응시하고 있었다. 나이 먹고 중후한 교수를 상상했겠지만 노총각 같은 사람이 들어와 다소 의외라고 여기는 표정이었다. 이 풍경이 학과 제자들과의 첫 만남이었다.

십여 년이 지나 '첫'이라는 이름을 가진 대학원생들이 들어오기 시작했다. 이번에는 어른들이었다. 먼저 교육대학원 석사과정 학생들이 입학했다. 일반 교사들이 대부분이었다. 다음으로 첫 일반대학원 석사과정 학생, 첫 박사과정 학생들과 차례차례 상봉을 했다. 그중에서 박사과정 학생들과는 부모와 자식 관계나 다름없었다. 5년이 넘도록 힘든 학문을 함께하다 보면 눈빛만으로도 상대방의 마음을 읽는다. 호통과 눈물, 칭찬과 웃음, 술잔을 앞에 두고 문학을 이야기하는 해가 지날수록 끈끈한 사제지정이 쌓인다. 박사 제자가 논문을 발표하고 사회로 진출할 때면 자식을 떠나보내는 아비의 마음이 된다. 그것은 흐뭇하면서도 섭섭한 작별이었다.

학교에서는 이런 만남과 떠남을 되풀이한다. 매화가 필 때 들어온 학생들이 이른 매화 방울이 돋기 시작할 무렵 어른이 되어 떠나는 곳이 대학이다. 올해는 내가 매화꽃망울이 터질 무렵, 교정을 떠나게 되었다. 정년을 앞둔 12월 중순, 고별강연을 했다. 작별 인사를 하고 박수를 받으며 강의실 출입문을 열었다. 바람조차 멈춘 복도에 학생들이 건네준 장미 향기가 가득 번졌다. 등 뒤로 강의실 문을 닫았다. 학생들이 고맙게도 나에게 로맨틱 프로페서라는 별명을 붙여 주었다는 이야기를 나중에 외국인 교수에게서 들었다. 36년 교직생활이 헛되지 않았다고 여겼다. 연구실에 돌아오는 동안 아무 생각도 하지 않기로 했다. 후일 생각하면 조금은 울컥할 때가 있을 테니까.

학생을 사회에 보내는 교수는 개찰구에서 승객들의 표를 검사하는 검표원이라는 생각을 한다. 요즈음에는 승객 각자가 알아서 제 기차를 타고 차장은 객실에서 좌석번호와 승객을 확인하지만 왠지 멋쩍다. 남의 좌석에 잘못 앉거나 엉뚱한 방향의 기차를 타는 경우를 막아주지만 예전처럼 역 입구에 웃음으로 전송해주는 검표원이 있었으면 한다. 인생이라는 첫 기차를 탈 청년들에게 용기를 갖도록 해주는 검표원 같은 선생이 되어도 그게 어딘가.

그 노릇도 제대로 하지 못하고 떠나게 되었다. "양반은 얼어 죽어도 겉불을 쬐지 않는다."는 속담처럼 교수의 자존심은 스스로 지켜야 한다. 첫 대면에서 원로교수는, 교수의 목숨줄은 잘 가르치고 논문을 많이 쓰는 것이라고 말씀하셨다. 그것이 갖추어지면 술 먹고 조금 비틀거려도 멋으로 봐준다 했다. 두 눈을 부릅뜨고 심야를 이겨내는 올빼미가 되라는 말이겠다.

그 올빼미 짓을 하지 않아도 되는 해가 왔다. 동고동락한 책상이 사라질 2016년, 마지막 1년을 남겨두고 연구실 생활을 한껏 만끽하기로 했다. 밤 1시가 가깝도록 연구실에서 밥 먹고 선잠 자고 쉬고 간식까지 먹었다. 자폐증 환자와 다름없었다. 전기세, 수노세, 관리비를 내지 않는 특혜 만기가 다 되어간다. 청소부 아줌마가 청소하고 경비원 아저씨가 순찰해 주는 경호 마감도 지척이다. 어지러이 널린 책과도 작별을 고해야 한다. 이런 것들이 세월이 지나면 아쉬운 그리움이 된다.

아무리 긴 세월도 10년, 20년, 30년이 후딱 지났다. 석 달, 두 달, 한 달. 다시 3주, 2주, 그리고 1주 남는 게 시간이다. 1016호 원주인이 떠나면 새 주인이 이내 들어온다. 청초 우거진 골에 인걸은 가고 없네가 아니라 인걸은 가고 오건만 청초는 그대로인 격이다.

그런 생각을 하며 창밖을 내다보았다. 창밖 풍경이 변함없다. 비가 내리고 안개가 끼고 차가운 바람이 교대로 불고 캠퍼스 벚나무와 은행나무도 변함없다. 만사가 그런 것이다. 세상은 그대로이고 사람만 변하여 모두 떠난다. 어쩌면 앞서 은퇴한 선생님들도 이렇게 생각하며 짐을 꾸렸을 것만 같다.

무엇보다 긴 복도를 지나 내 연구실 문을 열고 실내 스위치를 켰을 때의 "찰칵." 하는 청랑한 소리를 더 들을 수 없다.

여덟 평 무릉도원의 봄날이 갔다.

엔딩.

꽃질

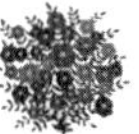

봄이 무르익어 간다. 휑하기만 하던 들판에 파릇파릇 싹이 오르고 메말랐던 개울에도 제법 물이 흐른다. 올해는 더디게 피는구나 싶던 매화는 어느새 하얀 면사포를 온몸에 드리우고 상춘객을 반긴다. 북향 기슭에는 쑥이 돋고 남향 언덕에는 복사꽃이 핀다. 하루하루 창밖 풍경이 달라지는 변화를 지켜보면 봄이 절정이구나 싶다.

자연은 계절에 맞추어 제 모습을 바꾼다. 순리라는 보이지 않는 순서를 정해두고 잎이 돋고 꽃이 피고 낙엽이 된다. 구름이 덮이면 천둥이 치고 비가 내린다. 그 순리에 의하여 자연에 평화와 인식과 자유가 생겨난다. 자연에서는 잘나고 못난 갑을甲乙이 없다. 모두 갑이 되어 제 솜씨를 부린다. 그 평등하고 겸

허한 풍경을 보면 문득 '꽃질'이 성행하는 산골이 그리워진다.

사회 전반에 '갑질'이라는 말이 깔려 있다. 갑질이란 우위에 있는 자가 하위에 있는 자에게 저지르는 부당 행위를 일컫는다. 예전부터 '질'은 강도질이나 도적질, 고자질이나 서방질처럼 뜻도 감도 좋지 않다. 국적 항공기를 제 소유물처럼 강제로 회항시켰던 '땅콩 회항사건'이나 아파트 경비원과 백화점 판매 직원에게 폭력을 행하는 것이 대표적인 갑질에 속한다. 갑에 질이라는 말이 붙는 것은 상식적으로 생각해도 그 행위가 부당하다는 것을 알 수 있다. 이런 사건이 빈번하게 이슈가 되는 것은 과거에 갑질이 없어서가 아니라 이에 대한 저항의 목소리를 냄으로써 우리 사회가 조금은 더 성숙해졌기 때문이다.

갑질이라는 말이 편파적으로 사용되는 곳이 정치판이다. 정치는 국민을 위한 봉사행위이지만 그대로 이루어지고 있다고 믿는 국민은 별로 없다. 권력쟁탈이라는 적폐만 만연할 따름이다. 역학구도, 패권구도, 대선구도, 후계구도라는 말도 정치판의 민낯에 불과하다. 어느 쪽에서도 혼자 혹은 몇몇 패거리들이 나누어 먹는 권력 갑질이 자리한다. 권력이란 혼자 쥐기 힘든 것이니 나누고 쪼개고, 합치고 얹다 보니 '우리끼리'라는 야합이 생긴다. 이게 싸움질이라는 구도이다.

원래 구도라는 말은 사진을 찍거나 그림을 그릴 때 조화 있게 안배하는 짜임이다. 구도라는 말에는 조화와 균형이라는 의미가 깔려 잘하면 질 높은 결과를 얻을 수 있다. 구도를 잡는 자는 카메라와 화필을 쥔 사람과 같으므로 자연의 구도를 항상 의식하여야 한다.

사람이 사는 곳에는 어디나 갑을甲乙로 나누어진다. 문단에도 갑질이 있다. 문단 권력구도가 존재하고 이권과 지위를 두고 암투를 벌이는 가운데 "우리가 남이가."라는 이익판도가 생겨난다. 어떤 문인단체의 장은 문인들의 권익보다는 자신의 기득권을 지키기 위해 정치가나 기업 CEO보다 더 심하게 갑질을 한다. 회원의 권익을 파당적으로 뭉갠다. 원고의 청탁을 두고, 문학상의 선정을 두고, 등단의 가부를 두고, 누구는 되고 누구는 안 된다는 횡포가 정치판보다 심각한 경우도 있다. 한번 직위를 얻으면 종신으로 버티는 것도 일종의 갑질이다. 문맥文脈이 파벌로 바뀌는 순간, 문학의 진정한 구도는 변질되기 마련이다.

연암 박지원과 쌍벽을 이루며 18세기 문단을 지켰던 혜환惠寰 이용휴李用休가 있다. 그는 평생 벼슬을 마다하고 오직 향리에서 문장을 닦아 '재야문형在野文衡'이라는 호칭을 얻었다. 글을 쓴다는 당시의 양반들은 모두 그를 찾아가서 자신이 쓴 글을 평가받기 원했다. 그가 남긴 명언 중에서 오늘의 문인들이 반드시 새겨두어야 할 말이 있다. "일품 벼슬이나 만금의 재물도 저녁에 잃어버리면 아침에는 알거지가 되지만 문인재사가 한번 소유한 것은 조물주라도 어찌할 수가 없다."

그는 〈행교유거기杏嶠幽居記〉라는 짧은 글에서 몸의 구도에 대하여 이렇게 말했다. "이 작은 방에서 몸을 돌려 앉으면 방위가 바뀌고 명암이 달라진다." 무릎을 세 번 치고도 남을 말이다. 억지로 주변 사람들의 생각을 바꾸려 하지 말라. 갑질 세상은 쉬 바뀌지 않으므로 자신의 몸을 돌려 앉으면 보이는 모든 풍경이 꽃밭이 된다. 이게 진정한 처신으로서 '질'이다.

꽃이 보이는 동창만 고집할 게 아니다. 남쪽 벽에는 오동나무가 보이는 창이 있고 서쪽 담벼락에는 저녁노을이 비낀 은행나무가 서 있다. 북창北窓에도 겨울눈에 덮인 소나무 풍경이 있어 사고를 상하좌우 확장시켜 준다.

계절마다 꽃은 꽃질을 한다. 갑질도 을질도 아닌 꽃질이 세상에서 가장 아름다운 구도이다. 누군가 "꽃으로도 때리지 말라." 했지만 갑질 세상을 홀연히 떠나 꽃질이 그침이 없는 곳으로 가고 싶다. 그곳으로 눈도 마음도 몸도 돌리고 싶다.

아침부터 컴퓨터 앞에 앉았더니 목이 뻐근하다. 동창으로 향한 고개를 들어 남쪽으로 돌린다. 벽에 걸린 유화 한 점이 보인다. 화폭 가득 들국화가 꽃질을 한다.

후각 嗅覺

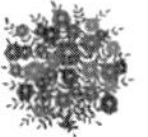

낙엽이 바삭거리는 길을 걸으면 한결 편안해진다. 저녁 해거름이 비치는 가을 오후에 종종 인근 산길로 나서면 마음이 가벼워진다. 아침 산책이 기를 일으키고 오후 걸음이 마음을 재촉한다면 저녁 길은 잡념을 가라앉힌다.

냄새는 이성보다 감성을 자극한다고 말한다. 감성이 본능적이고 원초적인 까닭이다. 낙엽의 묵은 냄새가 잔잔하게 깔린 산길을 따르다 보면 바위틈 사이에서 춘란을 찾아내기도 하고, 구절초가 어울린 길에서는 엉덩이를 붙여도 좋을 바위를 만나기도 한다. 늦가을 향기가 찾아와 안길 때면 후각이 최대로 작용하기 시작한다.

나는 사람을 처음 만날 때면 순간적으로 눈을 감는 버릇이 있다. 눈을 감으면 후각에 대한 신뢰가 더 높아지고 상대를 이해하는 정도가 더 깊어진다. 무엇이든 냄새로써 알려는 본능 때문인지는 모르나 나름대로 꽤 효과가 있다. 눈과 귀의 진화가 덜 되었다고 하여도 어쩔 도리가 없다. 아무튼 가까이 다가서게 하는 것, 곁에 머물게 하는 것, 그것은 내겐 냄새다.

내가 직장을 따라 부산으로 왔을 때 단독주택에 살았다. 골목을 사이에 둔 옆집에는 두 그루의 감나무가 자라고 있었다. 감나무 가지의 태반이 골목을 건너 우리 집으로 뻗쳤다. 멀리서 보면 영락없이 우리 집 감나무처럼 보였다. 봄이 되었다 싶으면 참새들의 날아들고, 초여름이면 감꽃 향기가 창문으로 들어오기도 했다. 무더운 날에는 작은 의자 두 개를 내어놓아도 될 만큼 넉넉한 그늘이 깔리기도 했다. 이래저래 수덕樹德을 적잖게 입는 감나무 옆집이었다.

아쉽다면 여름부터 감잎이 떨어진다는 사실이다. 척박한 토질 때문인지, 아니면 두 집 살이를 면하지 못하는 운명 때문인지, 홍시 하나 달리지 않는 해도 있었다. 그 주제에 잎은 걱정거리마냥 무성하기만 했다. 그만큼 낙엽이 많았다. 바람이 불면 뿌리 내린 곳을 마다하고 굳이 우리 마당 안으로만 떨어졌다. 요상한 게 인간의 마음인지 남의 집 쓰레기라고 여기니 더욱 성가셨다.

어느 날부터인지 기특하다 싶기도 했다. 소식 없던 탕아가 마침내 제자리로 돌아왔다고 할까. 못 이기는 척, 좁은 마당일망정 마음껏 뒹굴도록 눈감아주기로 했다. 며칠 만에 감잎이 적잖게 쌓였다. 바람이 조금만 불어도 마른 감잎들이 좁은 마당에서 밤새도록 굴렀다. 밤 귀가 예민한 내가 아닌가. 하늘에서 하강한 손님이니 귀천을 시켜주는 것이 자연의 섭리다. 새소리를 들려주었고, 그늘도 드리워 주었고, 하다못해 서너 개의 푸른 땡감으로 눈요기를 시켜주었으니 격에 맞는 대접을 해주어야지. 천장天葬의 예를 베푸는 게 내 도리이다.

성냥을 그어 불을 붙인다. 선홍빛 불꽃이 와락 번지면서 잔뜩 쪼그라졌던 잎이 부채마냥 활짝 펴진다. 이파리마다 붉은 나방이 되어 날아오른다. 이내 버리지 못한 꿈이며, 지금껏 잊지 못한 아픔이 하늘로 나른다. 잠시 후, 묵은 몸뚱이가 하얀 재로 변한다.

매콤한 냄새가 마당 주변에 가득 찬다. 낙엽 냄새가 옷 사이로 스며들면서 코끝이 맵싸해진다. 남들은 잎이 타는 냄새가 매캐하다고 말하지만, 내겐 땡초를 넣고 끓인 된장 맛이다. 막 뱃속으로 내려가는 냄새가 감각을 깨운다. 보송한 감꽃을 쥐던 촉각도, 땡감을 씹던 미각도, 가을 잎을 보던 시각도 둔해지는데 마지막까지 나와 관계를 맺으려는 건 후각이다. 나이를 먹으면 다른 감각은 무뎌진다는데 후각은 더욱 예민해진다. 쇠락한 감잎이 타면서 피우는 냄새는 그리움이다. 그 냄새는 살아있는 것의 마지막 흔적. 꿈틀거리고 요동치며 나의 정령을 지켜보라며 몸부림친다.

동물이든, 식물이든, 저마다 지닌 냄새가 다르다. 힘들게 자란 것이면 탁할 터이고, 순리를 따른 것이면 냄새도 순할 것만 같다. 냄새로 나무의 생육生育을 짐작할 수 있다면 사람 몸에서 나는 채취도 마찬가지일 것이다. 바람 따라 번지는 연기를 바라보면 더욱 그렇다는 느낌이다. 냄새 속에서 울고 웃으며, 떨어지고 붙으며 살아온 저릿한 세월.

"아! 이 냄새."

은연중에 이런 말을 중얼거리며 다가설 수 있는 누군가 있으면 한다. 시력도 약해지고, 때때로 귀도 멍해지는 요즈음, 나이를 먹을수록 감성이 발동한다면 부디 은근한 냄새에 동하기를 기대한다. 가을을 좋아하는 사람이 더 좋은 이유도, 억센 포옹보다 살며시 잡아주는 손 냄새가 더 좋은 이유도 이것 때문이 아닐까.

내 냄새는 어떨까. 그럭저럭 지냈다는 안도의 숨길일지, 마냥 토해낸 한숨일지, 아니면 힘겹게 살아온 단내일지. 하다못해 낙엽 태우는 냄새라면 살아온 표시라도 있으련만. 나이는 초로,

계절로는 초겨울, 하루에서는 어스름. 아직도 사는 것이 가파른 비탈길 같은데 바람은 무심히 잎만 떨어뜨린다.

7월 장마가 멈춘 틈을 타 청도 유천, 내호리에 갔다. 이영도 이호우 오누이 동산의 살구가 분홍빛으로 익어 있었다. 이미 잘 익은 살구들이 푸른 잔디밭에 군데군데 떨어져 연노랑 꽃송이로 박혀 있는 듯했다. 떨어져서 더 달큰한 냄새를 풍기는 살구 열매를 지켜보면서 '나는 무로 돌아간다.'는 우주의 목소리를 들었다.

떨어지는 건 나무의 순명이다. 낙엽으로 떨어지면 언젠가 귀토한다. 태우면 하얀 재가 되어 존재의 사멸을 스스로 선언한다. 가볍기 이를 데 없는 냄새를 따라 고개를 드니 때마침 노을도 살굿빛이다.

무희송舞姬松

녹의의 군무. 바람이 불면 활옷은 하늘로 펼쳐진다. 비바람이 세찬 밤에는 속까지 스며드는 한기를 떨쳐버리려는 기세로 춤을 춘다. 수백 년 세월이 다시 흘러도 속인은 끼어들 수 없는 한 서린 숲속의 광경이다.

고즈넉하다. 여름철 대낮도 서늘한 기운을 쫓아내지 못하는 외진 곳. 숨소리 하나 흐르지 않는 적막이 깔려있다. 이 침묵 속에서 신라 오백 년의 영화와 더 오래 망각된 역사가 나무마다 감겨있다. 보이는 것도 들리는 것도 없지만 〈태평무〉가 울리고 무희들의 고혹스런 미소가 어른거린다. 그 춤사위가 발길을 머물게 한다.

10여 호가 자리 잡은 시골 마을을 비켜 골목을 돌아서면 소담

한 솔밭이 앞을 가로막는다. 흥덕왕릉을 에워싼 소나무 군락이다. 깊은 계곡을 따라 웃자란 여느 송림과는 달리 손질을 가한 듯한 운치가 마음을 끈다. 선왕의 넋을 지키기 위해 시립한 그루마다 애틋한 정이 넘친다. 아니면, 왕의 총애를 애타게 바라던 궁녀들이 죽어서도 제왕을 가까이하려는 몸짓인가. 왕의 주검과 함께 매장되었다가 소나무의 몸을 빌려 녹의의 무희로 환생한 장소, 그래서 신라의 야궁野宮을 지키는 무희들은 오늘도 바람을 기다린다.

우연찮게 흥덕왕릉의 솔숲이 빼어나다는 이야기를 들었다. 신라 유적지에 관해 자신감을 가진 사람일지라도 이곳을 찾기가 쉽지 않다. 외지인이라면 지명마저 생소할 터. 흥덕왕은 누구에게나 잘 알려진 왕이 아닐뿐더러 경주가 아닌 안강읍에서 꽤 떨어진 산자락에 위치해 있어서다. 도로변에 세워진 표지석도 초라하기 이를 데 없다. 하지만 몇 번이고 물어가며 찾아도 괜찮을 만큼 호젓한 은신처다.

무엇보다 한적한 풍경이 마음을 끈다. 세상사를 잊기에는 더없이 넉넉하다. 그러면서도 한 뜻 한 뜻이 모인 신비스러운 형상에 마음이 어지러워지기도 한다. 그랬다. 처음 그곳을 찾았을 때, 여타 송림과는 전혀 다른 분위기가 나를 품어 가두었다.

소나무는 무사의 충절을 나타낸다. 대나무가 선비의 절개로,

매화가 여인의 지조로 피어난다면, 소나무에는 무인의 기상이 서려있다. 고산준령의 독송獨松에는 천군만마를 호령하는 장수의 쩌렁쩌렁한 목소리가 배어있다. 소나무를 칭송하는 글이 흔하다면 변절조차 부끄러워하지 않는 인간에게 절망했기 때문일 것이다.

이곳 소나무들은 여타 소나무와 형상이 사뭇 다르다. 남성적인 기상보다는 여인의 기품과 연모의 자태가 먼저 떠오른다. 가녀린 허리를 약간 꼰 형상. 안길 듯 앞으로 기운 생김새, 시중을 들려고 두 팔을 받쳐 든 모습. 옥체를 괴려는 마음으로 무릎을 은근히 내민 형상. 수줍음으로 은총을 살짝 뿌리치는 율동. 그러면서도 모든 소나무들은 왕의 부름을 애타게 기다리며 능이 자리 잡은 방향으로 시립해 있다. 감정 없는 나무조차 사모의 정은 이토록 간절한가 보다.

정이 춤이 된다. 무희는 사랑의 마음으로 춤을 춘다. 아무리 무딘 관객도 마음을 풀어내는 춤을 보면 말할 수 없는 감동을 느낀다. 냉기가 몸으로 펼쳐지면 냉기를, 한이 손끝에서 나르면 한스러움을 전해 받는다. 호소하는 가락에 전율하고 애원의 발걸음이 버선코에 모이면 가슴이 저려온다. 전율의 파장이 두 존재를 잇대서다. 사랑의 요체는 옛날이나 지금이나 환희가 아니다. 쾌감도 아니다. 시린 겨울 계곡에 손을 담가 함께 눈물을 흘리는 회한의 공유이다. 바람에 실린 솔가지도 그러하다.

소나무 그루마다 그 아픔이 묻어있다. 고개를 쳐들고 몸을 내세운 귀인이 아니다. 가장자리의 소나무는 단심의 사랑을 바치고 싶은 기녀들이다. 높다란 옥좌를 우러러볼 수도, 옥체를 가까이할 수도 없는 비천한 궁녀들은 길목에 자리한다. 임금에 대한 풋사랑이 두려워 고개를 들지 못한 무수리도 있다. 연모의 기쁨으로 춤을 추다가 생을 마친 궁궐 안 무희들은 능 가까이 둘러서 있다.

슬픈 무희들. 아름다움이 다하도록 오직 한 분의 임 앞에서만 춤추고 노래하는 애처로운 여인들. 육체의 탄력이 사라지면 그들의 춤사위는 끝이 나고 아무도 모르게 궁중에서 추방되어 낯선 곳에서 삶을 마쳐야 한다. 잊히고 버려진 서러움은 죽어도 구천을 헤맬 뿐. 그 넋이 바람에 날려와 씨앗으로 뿌려졌다. 하늘을 떠돌던 혼백이 야산에 자리한 왕의 능으로 달려와 정절의 푸른 소나무로 자란다.

더워도 임의 손길이 아니면 벗지 않을 녹의의 너울을 머리에 두르고 천년 사랑의 춤을 춘다. 추워도 홑겹의 무희복 아래 드러난 맨몸 살결을 부끄러워하지 않는다. 온몸에서 흘러내린 땀방울이 송진으로 맺힌다. 옷고름을 풀지도 못한 몸내가 풍상을 견디지 못하고 썩은 가지로 떨어진다. 눈길도 받지 못할 군무를 추면서 한 움큼씩 뽑아낸 절망의 머리칼이 황토 바닥에 겹겹의 솔갈비로 깔린다. 깨우려 한들 백토가 되어버린 임의 넋을 덮기 위함이다.

정이란 여린 것이다. 소유하고픈 마음을 먹는 순간 그 집요함에 눈멀게 된다. 진실은 오직 죽음의 눈빛에서만 보이는 법. 그만큼 미련은 끈끈하기도 하다. 죽어서 임을 가까이하려는 마음이 차라리 자유롭다.

내년 달력은

12월이 보인다. 일 년의 마지막 달이 보인다. 11월의 빛바랜 한 장이 찢겨가면서 시계가 아무리 붙잡으려 해도 모습을 드러내지 않으려던 12월의 달력이 드디어 모습을 나타낸다. 지난해도 그렇게 왔다가 지나갔었다.

이번에도 어김없이 마지막 남은 한 장의 달력이다. 지난달과 달리 이 한 장의 달력 뒤에는 퇴색된 벽지만이 있을 따름이다. 그 벽지는 갈무리도 못해 시들시들하고, 창 너머로 보이는 감나무 가지에 달린 마지막 잎새처럼 처량하다. 무릇 마지막이라는 단어나 숫자는 늘 슬프고 안쓰럽고 한숨을 자아나게 한다.

새해 첫날은 언제나 흐뭇한 웃음을 짓게 하는 날이다. 지금은 사라지고 없지만 두꺼운 아트지에 인쇄된 달력을 걸 때면 묵직한 포만감이 손목에 전해 오곤 했다. 365일을 어찌 보낼까 흐뭇한 한숨도 지었다. 누구에게나 365라는 숫자는 쟁반에 차려진 포도송이처럼 풍성하다. 일요일을 제하고 공휴일을 빼도 무엇이든 이룰 수 있을 정도로 넉넉한 숫자이기도 하다.

그런 반면에 달력 속의 숫자는 사막의 신기루처럼 알 수가 없다. 1월, 2월, 3월……처럼 겉으로 보면 숫자가 늘어가지만 사실은 줄어드는 순열이다. 12라는 절대치에서 마이너스로 가는 과정이다.

하루하루를 매김하는 날짜조차 한 자리 숫자에서 두 자리 숫자로 늘어가지만 사실은 30일이라는 일정 몫에서 빼먹는다. 이처럼 달력 속의 숫자는 무無로 접근하는 본능을 갖고 있다. 겨울 소나무 밑에 쌓인 솔잎을 후벼 내는 갈퀴의 날刃이랄까. 숱하게 쌓여 있는 시간도 한순간의 물거품과 다름이 없다는 사실을 12월에 와서야 절감한다.

나는 한 달 한 달이 지날 때마다 그 달의 달력을 찢지 않고 12월 뒤로 넘긴다. 달력의 부피가 변함없어 조금은 마음이 편안하다. 1월에는 열한 달이 푸짐하게 남았다. 2월에는 여전히 열 달이 넉넉하게 남아 흐뭇한 기분이 줄지 않는다. 3월은 약간 게으름을 피워도 된다는 호기를 부려 본다. 4월에는 남은 여덟 달을 보면서 어느덧 한철이 지나버렸네,라고 아쉬워한다. 6월만

해도 1년의 반이라는 여분이 있어 별로 초조하지 않다. 그런데 7월이 되면 조금씩 불안해지고 10월로 넘어가면 수북이 쌓여 있던 날가리 일수가 어디로 사라졌지 하는 당혹감에 빠져버린다.

다시 12라는 숫자를 본다. 달력 속 12월은 미래의 숫자가 아니라 지나온 시절을 회상하는 마지막 콘서트와 같다. 얼마 후면 찢겨나갈 한 장이 필리핀 여행에서 쓰다 남은 지폐처럼 초라하게 보인다. 아쉽다. 아무것도 확신할 수 없는 봄철의 목마른 방황, 한여름의 무력한 권태, 가을의 찬연한 허무에 반역이라도 하려는 듯 겨울 한월寒月 빛이 시리다. 12월을 지켜보며 올해도 지난해처럼 짧디짧구나 하고 밤새 뒤척인다.

달력 숫자는 허무 그 자체이다. 밋밋한 들판을 지나온 답답함, 여울다운 여울을 한 번도 건너지 못한 비열함, 골짜기다운 골짜기를 회피한 소심함, 심장이 뛰었으나 마음은 여전히 비어 있다는 안타까움, 답답하고 아쉽고 안타까운 회한만이 새의 날개처럼 가벼운 달력 종이에서 번져 나온다.

인간은 조금이나마 자신이 다른 동물과 다르다는 것을 보여주려 한다. 겨울이 오면 동물들은 겨울잠을 자러 동굴 속으로 들어간다. 그러니 사람은 한파와 폭설을 마다하지 않고 밥을 만들 돈을 벌기 위하여 밖으로 나선다. 겨울철 하루하루를 쫓기듯

살 수밖에 없다. 마침내 절벽 같은 시공에 다다랐다. 가까운 사람들은 멀어지고 낯선 사람들만 주위에 몰려있다. 그게 도시의 현실이다. 12월 겨울이 더 춥다면 겨울철 사회가 진창과 같아서 일 것이다.

12월은 한 해가 무사히 지난다는 홀가분한 기분이나 반가움을 주는 달이 아니다. 한 걸음 더 빨리 내디뎠다는 안도감보다는 다음 달에는 고달픈 짐을 다시 져야 한다는 부담감도 없지 않다. 그만큼 12월에는 인간을 조롱하는 숫자놀음이 숨어 있다.

휴식도 여유도 없는 메마르고 차가운 달이여.

시작도 끝도 없는 시간의 마지막 매듭이여.

갑자기 33년 전의 리버풀이 그리워진다. 지금쯤 그곳은 어떤 모습일까. 내가 있던 당시의 리버풀은 눈보다는 비가 더 자주 내렸다. 12월의 시내는 오후 4시가 되면 인적이 끊어지고 거리는 시꺼먼 적막에 빠졌다. 마치 거래가 파한 후의 장터 같았다. 그럴 때면 상가 불빛을 조명 삼아 도서관에서 돌아오곤 했다. 망년의 쓸쓸함을 펍에 들러 한 잔의 흑맥주로 달래며 어서 12월이, 끝 모를 우중충한 겨울이 지나가기를 바랐다. 그런데 이상하게도 요즈음 그곳이 종종 생각난다. 4월까지 가로수 밑에 쌓인 눈과 정원에 무리지어 핀 노란 수선화가 보고 싶어서.

요즈음엔 달력 구하기가 힘들다. 스마트폰에 달력 앱이 깔리면서 종이 달력이 수명을 다했다. 명맥이 살아있는 거라면 책상에 얹는 일정 달력 뿐 벽 하나를 휜칠하게 장식하던 켄트지 달력은 찾아보기 힘들다. 당연히 한 해를 마감하는 달력 쇼핑도 망실되었다. 몇 년 전만 해도 연말이면 화사한 사진이 다달이 박힌 새해 달력 한 권을 샀다. 구 달력 옆에 다음해 신 달력을 나란히 걸고 공휴일이 며칠인가를 헤아리며 흐뭇한 순간을 즐기기도 했다.

갑자기 두툼한 신년 달력을 사고 싶다. 무슨 달력이 좋을까. 명화가 그려져 있거나 명소가 박힌 달력도 좋겠지만 그것보다는 스포츠의 역동적인 동작과 유연한 자연미가 어울린 그림이 있는 달력이 어떨까. 5월에 장대높이뛰기 선수가 하늘로 뛰고, 8월엔 마라토너의 단단한 다리가 가로수를 지나고, 10월에는 투포환을 쥔 팔뚝이 나무 위에 달처럼 멈추고 12월에는 빨간 스키복을 입은 선수가 설원을 가르는 달력을 고를까. 그래, 빨간 스키화 뒤로 눈부신 눈가루가 하늘로 뿜어 오르는 그림이면 반드시 살 것이다. 푸른 생명과 붉은 열정과 하얀 의지가 어울린 한 해를 맞이하는 셈이니까.

6부 풀꽃처럼 불꽃처럼

풀과 나무는 불이라는 꽃을 피운다. 모두 타서 없어질 때까지 좌우로 번지며 위로 솟는다. 혼자 타면서 혼자 꿈꾼다. 세상의 감정 중에서 혼자 조용히 채우고 태우는 그리움만큼 고결한 것이 없다. 불꽃도 꽃도 끊임없이 흔들리면서 말한다. 피어나면서 말한다. 바람에 흘러내리는 사막 언덕 모래보다 더 가볍게 온몸으로 피어나고 조용히 스러지거라. 조용한 정관의 존재가 되거라. 사람인 너도 풀꽃이고 불꽃이다.

— 〈풀꽃처럼 불꽃처럼〉 중에서

풀꽃처럼 불꽃처럼

세상의 모든 꽃이 촛불이다. 색깔이 노랗든 붉든 희든 모두 위로 피어오르는 촛불이다. 봄은 노랗고 붉고 하얀 불꽃 세상으로 변한다. 여름이면 초록 촛불이 사방팔방으로 번져가고 가을엔 갖가지 색의 촛농을 떨구다가 겨울이면 마침내 흔들리지 않은 촛불로 서서 추위를 견딘다. 자연 속의 모든 것이 혼자 타는 꽃이다.

종종 서재 공기가 혼탁하면 일부러 촛불을 켠다. 그땐 라이터가 아니라 일부러 성냥을 긋는다. 쉭, 푸른 불씨가 초에 붙으면 마음이 편안해지면서 두 눈은 저절로 촛불로 간다. 아무리 무리 지어 있어도 촛불은 저 혼자 피고 타고 머물고 마침내 꺼지는 존재다. 그것은 갖가지 상념을 일깨운다. 인내, 고독, 화염, 탐욕, 희생, 광기. 촛불만큼 희생하는 꽃이 있을까. 촛불을 바라보고 있으면 가장 가까운 친구를 앞에 두고 있다는 편안함을 느낀다.

이번에 발간하는 수필집을 포함하면 모두 8권이다. 매번 출간할 때마다 게재된 작품 제목 중에서 맘에 드는 것을 골라 책 제목으로 삼았다. 두 번째 수필집 《풀꽃처럼 불꽃처럼》의 제목은 목차에서 따온 표제작이 아니다. 그때 나이 쉰이지만 풀꽃처럼 가볍게 평화롭게 은둔한 듯 살다가 한 번쯤은 불꽃처럼 확 피우고 떠나자는 심정으로 정했다.

사람은 누구나 양면성을 갖는다. 조용하게 살고 싶다가도 한 번은 요란스럽게 부산을 떨고 싶다. 청년이면 열정을 캠프파이어처럼 피우고 싶고 낭만을 즐기고 싶고 중년이 되면 중후한 커튼처럼 무겁게 살고 싶다. 노후에는 야생초 줄기처럼 강직하게 자연을 벗하며 살고 싶다. 그렇게 좌고우면하며 성장하는 게 인간인 게다. 오가며 성장하는 게 인간인 게다. 그 이상적 삶에 대한 희원을 적은 글로 묶은 게 두 번째 수필집이다.

두 번째 수필집을 내고 딱 20년이 지났다. 다시 꽃과 불이 무엇인가를 종종 생각한다. 꽃도 불도 타고난 목숨이 질기지 않아 이내 죽지만 꽃은 뜨겁지 않은 불이고 불은 흠뻑 젖지 못하는 꽃이다. 그래도 꽃도 풀도 자신이 누구임을 알려주기 위해 이미지로 남는다.

언제부터인지 꽃은 불 중에서 촛불이라고 여긴다. 꽃이든 촛불이든 생성하면 한 번 살다 한 번 죽는다. 시시때때로 변하며 살지라도 남몰래 피어나 소리 없이 죽어가는 이미지를 지키며 우주의 생성 법칙에 순응한다. 꽃이든 촛불이든 찬란하면서 경이로운 것은 죽음을 승화시키는 염念을 피워내기 때문이다.

위로 향하는 것은 앞을 향하는 것보다 실존을 최대한으로 드러낸다. 빛과 향기를 퍼뜨리는 꽃을 보면 저것이 가혹한 태풍에도 꺼지지 않는 촛불이구나 싶다.

언젠가 멀리 있는 친구가 조그마한 야생화들이 사막에 잔뜩 피어나 세찬 바람을 이겨내는 풍경 사진을 보내주었다. 일순간 오래전에 발표한 풀꽃에 불과한 글들을 생각했다. 사막의 야생화야말로 진정한 풀꽃이면서 불꽃이다. '불꽃 같은 풀꽃'은 그토록 호젓하고 거친 대지를 덮어줄 때 비로소 얻는 이름인 것을.

사막 벌판에 번지는 주체 못하는 불꽃, 사막이 활활 탄다. 물 한 방울 없는 사막에서 바람에 실린 불을 어찌 끌 수 있는가. 수년 간 땅속에서 한 철 빗줄기를 기다려 피어나는 사막 야생화. 바람에 온몸을 아귀처럼 흔드는 생동력과 열기에 마음이 그냥 녹아든다. 사막이 탈 때는 저렇게 타는구나. 대울 거리를 마음속에 오래 묻고 살아야 저렇게 탈 수 있구나. 나는 그날 밤

서재에 촛불을 켜고 사막에 피어난 황금색 사막 꽃들을 떠올리며 두 손으로 촛불을 감쌌다.

독일의 후기 낭만주의 시인인 노발리스는 위로 올라가는 것은 모든 하나의 불꽃이라고 하였다. 위로 올라가는 역동성과 끊임없이 움직이는 동물성과 일단 붙으면 사방으로 번지는 팽창성을 보면서 꽃에 모든 자연의 힘이 작용한다고 하였다.

촛불은 어둠 속에서 피어나는 꽃이다. 풀과 나무는 불이라는 꽃을 피운다. 모두 타서 없어질 때까지 좌우로 번지며 위로 솟는다. 혼자 타면서 혼자 꿈꾼다. 세상의 감정 중에서 혼자 조용히 채우고 태우는 그리움만큼 고결한 것이 없다. 불꽃도 꽃도 끊임없이 흔들리면서 말한다. 피어나면서 말한다. 바람에 흘러내리는 사막 언덕 모래보다 더 가볍게 온몸으로 피어나고 조용히 스러지거라. 조용한 정관의 존재가 되거라. 사람인 너도 풀꽃이고 불꽃이다.

이제 나에겐 《풀꽃처럼 불꽃처럼》 수필집이 단 두 권뿐이다. 세월의 흐름을 이겨내지 못하고 남아있는 것도 표지가 너절해졌다. 활자도 구식체여서 읽기에 불편하다. 선집 《서 있는 자》를 낼 때는 그곳에서 여섯 편밖에 골라내지 못했다. 오십대의 어설프기 이를 데 없는 인생놀이가 지금 읽으니 야산에 핀 무명풀꽃 같다. 봉홧불처럼 보이던 글도 한 줄기 성냥불만큼이나 작아 보인다. 풀꽃이든 불꽃이든 조금이나마 몽상 같은 진실을 가져야 할 텐데. 그래도 내 수필집에 둥지를 튼 꽃들을 멀리할 수 없다. 나의 일부이므로 연민의 정을 품는 것이다.

작가만이 진정 소유할 수 있는 것이 있다. 불꽃으로 핀 꽃이다. 꽃도 불꽃을 알아본다. 자연은 항상 화사한 차림이 아니라 음습한 늪이나 메마른 사막의 이름으로 나타나기도 한다. 그곳에서 꽃은 진정한 불꽃으로 핀다. 그 꽃을 만나면, 위로 타오르는 한 포기의 풀과 한 그루 나무를 만나면, 몸에 있는 연료가 아직 소진하지 못했구나 하는 탄식의 한숨이 저절로 나온다.

자신에게 주어진 감성과 감정을 몽땅 태우지 못한 사람은 불행하다. 인간이야말로 최초의, 그리고 최후의 불꽃이므로 다른 꽃의 존재를 배려해야 한다. 내 몸을 태워 다른 꽃이 피도록 빛과 열기를 전해주려는 사람은 자신이 쌓아올린 장작더미 위에서 실존에 다다른다. 꿈이라는 불꽃을 피우는 풀꽃이기 때문이다.

설雪아의 독백

오래전 겨울, 부산에 눈이 내렸다. 부산에 거주한 지 30년 만에 발목까지 덮어주는 설객雪客이 왔다. 부산 시내는 시골장처럼 시끌벅적했고, 시민들은 탄성을 지르며 마냥 즐거워했다. 그들은 행복하였으나 마지막 눈발이라는 확신을 떨칠 수 없었던 나는 슬펐다. 눈 내린 날이 반갑기보다 눈 녹을 그 날이 두려웠다. 객지를 떠돌다 5년 만에 돌아온 서방의 하룻밤 귀가만큼 애달팠다.

하얀 도포를 걸친 백년지객이 벌써 가시려 하네요.

매정하게 떠나시는 임, 차마 나 몰라 할 수 없어 배웅길 나섰어요.

헌데 마음이 참 요상하더라고요. 출근하듯 나가면 그냥 다녀오시라 할 거고, 출장 가듯 나서면 길 조심하세요 할 텐데, 기약도 없이 "나 갈란다." 하시니 "왜요?" 대꾸할 수밖에 없는 막막한 마음이 되더라고요.

그래서 곱게 옷 갈아입고 은빛 나비 같은 도포 한 벌 내어놓고 대님 곱게 매어드리며 행장 어깨에 짊어진 임을 배웅하러 나섰어요. 마음이 그게 아니어요. 사립문 밀치며 쉬이 다녀오시라 해야 되는데 정이 뭔지 더 좋은 각시 찾아 떠나는 뒷모습 같으니 어찌 그냥 견디리잇가.

겉은 태연자약, 제자리 단정하게 지켜도 작별 심정이 그런 건가요. 그렇다고 임 아니라도 더 의젓한 서방을 찾을 거요, 아니면 저 낭군 붙들어 주, 동네방네 떠들 수도 없지요. 진달래꽃 뿌려주지 못하고, 술 익는 마을의 저녁놀 보듯 마음 삭히지도 못하지요. 청승스럽게 눈물 짜며 황토 마당에 뒹굴 수는 더더욱 없잖아요.

새벽이슬 도둑처럼 길을 나섰어요.

아직 뼈 시리는 바깥 기운을 견디며 애끓는 한 가닥 희망을 품고 이기대로 나갔지요. 백년지설百年之雪을 이기대에서 처음 뵈었으니 보내는 곳도 그곳이라야 하지요. 배 타고 산굽이 들면 안 보이니 거룻배가 지평선을 자를 때까지 볼 수 있는 곳은 탁

트인 바다뿐이잖아요.

눈 내린 후, 이기대로 가보신 분 계시나요. 왜장을 안고 몸을 던진 기생의 절조처럼 바닷바람은 차고 겨울 파도는 쌀쌀하고 흙은 굳었는데 사방은 온통 그린과 블루였어요. 닷새 전의 화이트가 사라졌어요. 햇살이 온종일 비치는 양지라서 그런가 봐요. 해풍이 한줌 눈가루마저 날려버렸는가요. 파도가 산비탈까지 올라와 단숨에 씻어내려 버렸나요. 내 화이트는 어디 갔는가요.

임은 어디 있나요. 눈동자는 희번덕거리고, 손가락에 피가 나도록 광녀狂女처럼 눈 더미를 찾았어요. 내 몸을 뉠 만큼의 눈 터라도 있었으면 하는 소망으로 송림 사이를 휘돌았어요. 녹는 눈처럼 연정은 신기루에 불과하였어요. 야속하데요. 정이라면 주지를 말지, 애당초 없었던 것처럼 모질게 거두어갈 수 있나요. 사랑이, 남자의 정이, 남정네의 맴이 그런 건가요.

삘리리…….

보리피리 불며 붉은 땅 남도를 내려가던 한하운 시인이 생각나네요. 아주 어린 날, 퉁퉁 부은 젖가슴을 내놓고 이 동네 저 동네를 돌아다니던 여인이 떠오르네요. 그랬을 거예요. 그 여인도 분명 그 탓일 거예요. 닷새, 120시간의 사랑으로 삭신을 녹여준 임이 훌훌 떠났다면 어찌될까요. 당연히 미치지요.

저 멀리에 뭔가 보이네요. 잔설인 듯 하네요. 짐승에 물어뜯기고 남은 백골의 잔해인 양, 봄날의 티눈 같은 백색 덩어리가 보였어요. 바위 아래 소나무 밑에 손바닥 두 장만큼 고스란히 남아 있네요. 남이 볼세라, 훔쳐갈세라 곁에 주저앉아 손바닥으로 눈언저리를 만졌지요. 칼날같이 전해오는 차디찬 감촉이 오르가슴이었어요. 젓가슴에 얹힌 손바닥처럼 부드럽고, 귀불을 호호 불며 나직하게 속삭이는 말씀처럼 따스하기도 했어요.

조심스레 두 손으로 떠서 입으로 넣었어요. 아프리카 어느 부족에서는 가족이 죽으면 그 시신을 구워 먹는답니다. 그렇다면 낸들 임의 마지막 육신이니 어찌 햇살에 녹고 바람에 쓸려가게 할 겁니까. 서방님의 마지막 체액이니 삼켜야지요.

이게 모순이군요. 잔설을 지켜만 보면 조금 더 오래 남아있을 텐데, 내 손과 내 입이 닿으니 일순간에 없어져 버렸어요. 남의 낭군인 양 담 너머로 담담히 지켜보기만 했더라면 두고두고 더 오래 볼 수 있을 텐데. 안달한 탓에 일을 그르치고 말았어요.

휑한 마음으로 더 휑한 집으로 돌아오니 섬진강 매화마을에 매화망울이 맺혔다고 하네요. 바람이 넉넉한 년이면 떠나버린 서방 잊고 분 바르고 연지 찍고 매화촌으로 달려가련만 아직 그런 마음은 아니네요. 그것보다 제 혼 모두 드렸으니 매화인들 제 몸을 일으키지 못할 거예요. 남도에 피는 매화 송이송이는 임을 그리는 저의 꽃이에요. 나무마다 피는 꽃은 내 몸의 문이에요. 꺼진 불꽃은 오직 임의 손만이 되살릴 수 있으니, 죽지 않는 몸으로 죽도록 기다릴 거예요. 내년에도, 후내년에도 아니 오시면, 오체투지五體投地로 남극 설국까지 찾아갈 거예요. 그러하오니 저 모든 매화를 그대의 한기로 얼게 해주세요.

봄은 제 기다림의 무덤이어요.

대화도 방백도 사라진 시대. 사랑도 열정도 꺼져버린 시대. 잔설마저 이젠 기대할 수 없는 시대. 그래도 어딘가 설雪아의 나라는 있을 텐데.

섬님

얼마 전 천황봉이라는 낮지도 높지도 않은 주봉을 머리에 인 섬에 갔다. 통영에서 두 시간 통통배를 타고 가는 거리에 있어 멀지도 가깝지도 않은 섬이다. 주민이라고는 고작 백여 명이 될까. 고기가 잡혀도 풍어라는 말을 듣지 못할 만큼 큰 배도 찾기 힘든 섬이다. 둘러보아도 작업복 옷차림의 주민들만 눈에 띄고 그 숱하다는 한려해상공원 관광객은 별로 찾아오지 않는 섬이다. 선착장 주변의 개들도 한가롭게 낮잠을 즐길 따름이다.

이름만큼은 두미도다. 머리와 꼬리가 함께 있는 섬. 하기야 머리와 꼬리가 아주 멀찍이 떨어져 있을 정도라면 두미도라고 부르지도 않을 것이다. 수미상관을 이루기가 얼마나 어려운가. 둘러보니 어디가 머리인지 꼬리인지 구별도 못할 정도로 둥실

한 섬에 불과하다.

'놈'이라는 말이 있다. 사람을 낮추어 부르는 말인데 한자어로는 한漢에 가깝다. 무뢰한, 악한, 치한 등 도덕적으로 뒤떨어진 무리에 '한'을 붙인다면 우리말에서는 '놈'자를 붙인다. 옛날에도 "예끼, 고약한 놈."이라고 호통을 쳤다. 지금도 못된 놈, 모자라는 놈, 얍삽한 놈 등 상대방을 비하할 때 후렴처럼 붙인다.

육체적인 노동을 주로 하는 직업군에 '놈' 자를 붙이기도 한다. 배를 타는 사람들은 자신들을 자학적으로 '뱃'놈이라고 부른다. 그렇다면 섬에서 고기 잡으며 살면 섬뱃놈쯤이 된다. 놈이 붙는 데는 무얼 하든 낮춤말을 쓴다. 누워있어도 자빠져있다 하고 일을 하여도 막일한다 하고 옷을 검소하게 입어도 누더기 걸쳤다 한다. 사람들은 자신의 처지는 안중에 없이 그런 유의 사람을 멀리한다. 만일 여객선 선장이 육지 승객을 두고 "손님 한 놈이 별지랄한다." 하면 그 말을 듣는 순간에 육지 사람들은 속으로 '섬놈이니까 원래 말투가 그런 작자다.'라는 침묵의 동의同意에 손을 들 것이다.

선착장에서 100여 보폭이 떨어진 곳에 숙소가 준비되어 있다. 해변이 지척이어서 철썩거리는 파도 소리가 고스란히 2층 방안까지 들어온다. 창을 통해 바라본 바다는 일 획 수평선을 긋고 그침 없는 파도는 심장과 맥을 같이한다. 갈매기도 육지 사람을 오랜만에 구경하는 양 끼룩거린다. 가슴이 바닷물을 머금으면서 해변에 떠있는 배처럼 출렁거린다. 바닷가 자갈밭은 자르락 자르락 운다. 바다란 이런 곳이어야 한다. 바다에서는 소리와 내음과 바람이 가슴 안까지 밀려와야 한다. 갈매기 배설물도 창턱에 붙어있어야 한다. 풍덩 뛰어드는 기분으로 바다의 모든 것을 받아들였다.

이 연수원의 주인은 어떤 분일까. 분명 그는 바닷가에서 태어난 사람일 것이다. 젊었을 때는 아주 고생을 했지만 고비를 잘 넘기고 이제는 손님맞이도 하며 여유롭게 사는 즐거움을 누릴 것이다. 머리카락을 뒤로 반듯하게 넘기고 실크 넥타이를 매고 느릿느릿 걸어와 손님을 정중하게 맞이하는 예의가 몸에 밴 사람일 것이다. 어쩌면 집사라는 사람을 곁에 수행시켜 자신을 돋보이게 하는 멋도 부릴 것이다. 그만한 격을 갖추어도 어색하지 않을 정도의 품격을 가진 것을 소문으로 알고 있으니 조금이라도 더 빨리 만나고 싶다.

두미도에 도착했을 때 연수원은 공사 중이었다. 십장으로 보이는 사람이 두 명의 인부를 데리고 온몸에 회색 시멘트를 덮어쓴 채 계단을 정비하고 있었다. 키는 훤칠했고 작업복을 입었지만 인부에게 지시하는 말씨며 행동이 노가다 폭이 아니었다. 꼼꼼하게 구석구석을 처리해 나가는 일솜씨는 섬에서 잡일하는 사람이 아니라 외지에서 불러온 사람이 분명했다. 일 하나를 처리하여도 얼렁뚱땅하는 게 아니라 계획성 있게 처리하는 것으로 보아 치밀한 성격을 거듭 짐작할 수 있는 현장이었다.

외국영화나 소설을 읽어보면 장원이나 성의 주인은 주변 사람에게 자주 나타나지 않는다. 신분의 신비감을 높이려고 그러는지, 손님들이 부담감 없이 지내도록 일부러 나타나지 않는지 모르지만 생색을 내지 않는다. 피츠제럴드의 소설에 《위대한 게츠비》가 있다. 게츠비는 뉴잉글랜드만이 내려다보이는 저택에 손님들을 초대하여 화려한 연회를 매일 베푼다. 초대받은 손님들은 분위기를 즐기면서 주인이 누구인지를 궁금하게 여기지만 정작 그는 손님들 앞에 나타나지 않는다. 홀로 발코니에 서서 떠난 옛 애인을 생각하면서 만灣 건너편에 있는 그녀의 집을 바라본다. 이 집 주인도 어쩌면 《위대한 게츠비》를 읽고 인상 깊은 그 장면을 재현하는 건 아닌가 하는 엉뚱한 생각을 했다.

저녁 식사 시간이 되었다. 안주인이 안내한 방에는 섬에서만 볼 수 있는 갖가지 야채와 바깥양반이 손수 장작을 지펴 끓였다는 얼큰한 물메기탕이 대형 양푼에 가득 차려져 있었다. 두 호스트의 정성이 넘치는 성찬이었다.

바깥주인이 방으로 들어왔다. 계단공사를 하던 십장이었다. 일행 모두 놀라기만 했다. 황급하게 갈아입은 바지와 검소한 상의 차림으로 그는 만면에 미소를 지으며 공손하게 손님 한 분 한 분과 인사를 나눴다. 비로소 그가 두미도 연수원의 주인일 뿐만 아니라 바닷가 도처에 휴양시설을 운영하고 있는 유명한 건축가이자 민요창인임을 안주인이 밝혀주었다. 자신을 소개하기를 바닷가를 다니다 보니 육지 생활에 익숙하지 않는 '섬놈'이라고 했다.

일순간 그분은 섬놈이 아니라 섬님이라는 생각이 들었다. '놈'과 '님'은 모음 하나 차이에 불과하다. 어떻게 부르는가도 상대가 누구인가가 아니라 자신의 식별력 정도가 결정한다. 진정한 처신과 겸손이 무엇인가를 그분에게서 목격하게 되었다. 손님이 오더라도 하던 일은 하는 여유, 생색을 부리지 않고 찾아온 손님에게 최선을 다하여 대접하는 정성. 남이 무어라고 부르든 생각하든 개의치 않는 당당함.

사실 사람이란 뻐길 게 별로 없다. 권력이 강하더라도 파도보다 강할 것이며, 부가 많다 한들 바다바위보다 많을 것이며, 학식이 높다 한들 두미도 천황봉보다 높겠는가. 섬에서 살면서 바다를 지켜보면서 그분이 깨친 걸 따르기에는 참으로 짧은 1박2일이었다.

두미도에서 뜻밖에 '섬님'을 만났다.

모년某年 모일某日

세월은 이야기 상자다. 그 속에는 사람들이 살아가는 사연이 쌓인다. 비바람을 조용하게 견뎌낸 이야기가 담겨있다. 적도 바위에 유조선이 부딪힌 사건이며, 눈 녹는 알래스카 빙원을 홀로 헤맨 흰곰의 발자국이 담겨있다. 더욱 귀기울여 들으면 촉수를 한껏 늘이고 조심스레 지나가는 숲 달팽이의 숨소리도 찾을 수 있다. 어찌 세월이라는 상자에 사람과 숲과 바다와 짐승 이야기만 있겠는가. 겨울눈이 사각거리는 소리도, 훤한 겨울달이 비추는 빛도 빠질 수 없다.

지금은 늦가을이다. 주일로서는 토요일이 좋고, 하루로서는 해가 비스듬해진 늦은 오후가 좋다. 지나간 시간을 되살려보기에 더없이 적합하다. 해묵은 나무 판으로 짠 마루에 햇살이 비치는 게 고맙고 사방이 트여 시원한 바람이 흐르는 게 넉넉하기만 하다. 그 자리에 감사하며 세월이라는 책을 머릿속으로 읽어가면 지난일 하나하나가 고맙다. 봄날 울렁거리던 심장이며, 여름철 무더위에 러닝셔츠를 부채처럼 날리던 분방한 때도 있었던가. 문득 이젠 가을이니까, 오후니까, 나의 시간을 둘러보고 싶은 것이다.

작년에는 꽤 힘들었다. 올해는 더 힘이 든다. 갖가지 일 어느 하나도 마무리하지 못했고, 나이에 걸맞게(?) 안팎 근심걱정이 그치지 않는다. 십여 년 전부터 밀려온 디지털 환경으로 생각과 의식을 바꾸려 하지만 전자통신에 적응하려는 손가락 터칭이 아직 미흡하다. 그런 터에 갑자기 지구상에 밀려온 코로나 때문에 육체적으로 적응할 일이 하나 더 생겼다. 사는 게 고생이라더니 오죽하면 책상 위에 얹힌 책들에게 너희가 상팔자라고 중얼거릴까.

나이를 먹으면 시작하는 게 있다. 분수分數를 아는 것이다. 자신의 신분이나 처지에 알맞게 행동하는 것인데, '경우'라고 말하기도 한다. 예를 들면 축의금이나 부조를 낼 때 많이 한다고 상대방에게 생색내는 것이 아니라는 것을 깨닫는 거다. 서로의 처지를 생각하여 더도 덜도 아니하여 피차 부담감을 주지 않는 것이 중요하다. 서양에는 에티켓이라는 게 있지만 내 생각엔 획

일적인 기준에 가깝다고 여긴다. 동양에서 말하는 '분수'는 상대방이 누구인지 어느 때인지 경우마다 달라진다. 임어당 선생은 사람이 나이가 들어 배울 것은 "경우 있게"라 하였다. '경우 있게'만 잘 행하면 더 이상 배울 게 없다고 《생활의 발견》에서 말하였다.

분수를 생각하면서 지난 시간을 돌아보면 좀처럼 만족하지 못한다. 남의 평가나 시선에 상처를 입는다. 남이 아니라 자신에게서 더 많이 기만당한다. 포부나 욕심에 사기당하고 허세나 자만에 속임을 당한다. 남들의 가벼운 동조에 우쭐거리거나 당하지 않아도 될 상처를 입었다고 지레짐작한다. 알고 보면 다른 사람들은 남이 무얼 하든 별 관심이 없다. 제 코가 석 자인데 어찌 신경을 쓸까. 속임을 당하거나 상처를 입었다고 생각하는 것은 자신이 만든 허상의 그림자에 불과하다.

사는 건 세월을 물들이는 것이다. 사람이 살아온 삶을 종류별로 구분하여 천에 물감 들여 널면 참으로 다양한 색 무리를 이루게 된다. 갑남을녀의 얼굴이 다른 터에 지녔던 감정이나 행했던 행동으로 색상이 매일 달라질 것이다. 그런 하루 구분이 그지없이 편할 것 같지만 다시 생각하면 인생 색깔은 광학기계로 구분되는 게 아니라 묵화처럼 색상의 차이가 보이지 않는다. 뜨뜻미지근, 둥글둥글, 이런들 저런들, 가든 말든…. 이런 방식이 어찌 틀린다고만 할 것인가.

여행할 때를 생각해보면 마음이 편해지는 걸 느낀다. 구경하는 풍물도 다르고 만나는 사람도 생소하고 말도 다르다. 종종 외국에 나갈 때면 유별나게 편안해진다. 그곳 사람들이 사용하는 언어가 다르고 간판 글자가 다르고 신호등 모양도 다르다. 편의점에 들어가면 계산대 구조도 다르다. 서로 잘 알면 괜히 마음이 불편하고 상대가 버거워질 텐데, 낯설으니 내가 원하는 것만 알면 된다. 어제와 다른 모처某處에 왔구나를 절감한다. 어쩜 모某라는 말도 '모르다'라는 어원에서 왔을지 모르겠다. 모처某處며 모씨某氏며 하다못해 모모라는 말도 있지 않은가.

며칠 사이에 자주 가는 산의 나무들이 허해졌다. 가지는 노인의 앙상한 팔뚝처럼 보이는데 나무 밑에는 바람에 쓸린 낙엽이 수북하게 쌓여 있다. 웬만한 바람에는 꿈쩍도 하지 않을 정도로 서로 엉켜 있다. 푹신할 정도로 부피를 키운 낙엽의 누적을 지켜보면서 지난 세월을 셈해 본다. 낙엽조차 한 해의 추억을 모으고 있건만 아무리 기억해보아도 뚜렷이 떠오르는 게 없다. 그냥 모월 모시의 반복에 불과하다.

누구에게나 자신이 좋아하는 것이 있다. 물건도 장소도 시간도 좋아하는 것이 각자 다르다. 좋아하는 사람도 각자 다르다. 자신을 잘 이해해주는 친구를 좋아하는가 하면 취미가 비슷한 사람을 더 가까이 한다. 내 팔자가 글을 쓰는 것이다 보니 책 좋아하고 글 쓰는 사람들에게 마음이 더 끌린다. 매일 우편으로 배달되는 책을 정리하다 며칠간은 글을 쓰지 말아야지 하는 생각이 들다가도 책 좋아하는 사람의 책이 배달되면 마음이 바뀐다. 책을 읽다가 저자도 이 부분에서 같은 생각을 하였구나 하면 조금 특별한 날이 된다. 작가와 조금 더 가까워진 듯 여겨진다. 모년 모월 모처에서 모씨를 만난 것이 이렇게 기쁘다. 모某일이 조금 탈선하는 순간이다.

요즘 코로나 덕분에 책상 앞에 죽치고 있는 시간이 많다. 나들이가 줄어들다 보니 자정이 가까워져도 눈이 말똥거린다. 어제도 그렇고 그 전날도 그랬다. 그런 모일, 모월이 되풀이 된다. 특별히 할 일이 없고 건넬 말이 없고 해줄 것도 없고 되돌려 받고 싶은 것도 없다. 일상이 그렇다보니 더 멀어질 것도 조금 더 가까워질 것도 없다. 그냥 거기까지 생각하고 거기까지 산다. 다시 원래의 모일某日로 돌아왔다.

시간이라는 것이 참으로 아이러니하다. 어디에서 와서 어디로 가는지 알고 자신의 시간이 어디쯤이라고 미리 안다면 사는 게 참 불편할 것이다. 시간은 구멍 뚫린 항아리 같다. 그래서 종종 그냥 모일, 모월, 모년이라 여기면 마음이 편해진다. 고전소설을 읽어보면 시점이 그냥 "옛날 옛날 어느 날에"라고만 한다. 모씨가 모처에서 살다가 모월 모일에 떠났다. 그 사람의 마음이 참 가벼울 것이다.

향내 난다

모든 사물은 고유의 냄새를 지니고 있다. 동식물뿐만 아니라 사람의 몸에서도 냄새가 난다. 무엇인가 낌새를 알아차리면 냄새난다고 말한다. 세상만물이 체취로 자신을 드러내려 하므로 오감 중에서 후각이 가장 발달하였다.

냄새 중에는 좋은 것이 있고 나쁜 것이 있다. 흔히 좋은 냄새를 향기라 부른다. 차향, 꽃향이 있고 한지에 쓴 글씨에는 묵향이 배어 있으며, 천년 참나무에서는 침향이 스며난다. 향기야말로 모든 사물이 지니고 싶은 이상적인 기운일 것이다. 옛 선비들도 자신의 글에서 지필묵 향기가 묻어나기를 소망하였다. 그런데 글과 글씨에서는 문향과 묵향이 풍겨난다고 하지만 정작 글을 쓰는 사람에게서는 먹물 냄새가 난다고 말한다. 옷에 먹물을 잔뜩 묻힌다고 먹물 냄새가 나지 않는다. 몸 구석구석까지 냄새가 배일 만큼 글을 가까이 하여야 겨우 먹물 냄새가 난다. 꽃내음과 목질 냄새가 줄기와 뿌리까지 내려야 냄새가 되는 것과 같다.

오래전에 돌아가신 할머니는 거의 매일 마을 뒷산에 있는 암자에 오르내렸다. 서너 평 고작인 시골 암자의 대웅전 청소만은 한사코 당신이 맡았던 독실한 보살이셨다. 청소를 마치고 법당을 나올 때면 할머니는 항상 "향내 난다."고 했다. '향기난다.'고 말하지 않았다. 할머니에게 향내라는 말은 향과 냄새가 합친 말이었다. 법당에 가득 찬 향 타는 냄새를 촌노인답게 표현한 말이었다.

냄새라면 어딘가 낮춘 말로 들린다. 명품보다는 범상한 물건을 떠올려준다. 향기香氣가 한자말이고 냄새가 우리말인 언어적 차이에서 오는 선입견일 수도 있다. 향기라 하면 정자가 떠오르고 문방사우와 매란국죽이 연상되지만 냄새라면 거름더미나 쑥떡이 생각난다. 향기가 정신적 가치를 향유하는 계층의 언어라면 냄새는 몸으로 세상을 살아가는 사람들끼리 나누는 말이라 하겠다.

냄새라면 부정적인 말이 먼저 떠오르지만 그것도 잠시, 이내 곱살스러운 접미사 '내'에 갖가지 말이 붙는다. 살내, 젖내, 땀내,

분내, 단내, 흙내……. 이때의 '내'는 '냄새'를 줄인 말이다. 살냄새, 젖냄새, 땀냄새, 분냄새, 흙냄새를 줄여 살내, 젖내, 땀내, 분내, 흙내라고 말하면 까닭 없이 가슴이 저리면서 눈이 감긴다. 오래 졸이고, 한참 묵히고, 늘 지니고 다녀야 우러나는 것이므로.

냄새는 온몸으로 맡아야 느낄 수 있는 기운이다. 냄새라는 말을 줄여 '내'라고 하면 진짜 온몸으로 받아들여야 하는 기운이라는 확신이 든다. 사람 냄새는 얼굴이나 몸에서가 아니라 인격에서 흘러나오는 것이므로 코라는 감각 기관만으로 감당하기 어렵다. 그래서 사람 향기라는 단어보다 사람 냄새라는 말을 즐겨 쓰는가 보다.

어느덧 해가 조금씩 늦게 뜨고 일찍 서산으로 넘어간다. 짧은 셔츠를 입었던 사람들이 긴 소매 옷으로 갈아입고 짧은 스커트가 긴 치마로 바뀌었다. 다투어 피어났던 꽃들이 다 져버리고 무성했던 나뭇잎들도 가을 색으로 변해간다. 갖가지 형상이 넘쳐나는 여름이 지나면 자연의 모든 것들은 거추장스러운 겉모양을 버리고 자신이 누구인가를 세상에 증명하는 단 하나의 기운만 간직한다. 그건 흙냄새이다. 제 몸에 숨어 있던 흙 기운이 몸 전체로 퍼지기 시작한다. 삶이란 갖가지 향기를 단 하나의 흙냄새로 변하게 하는 세월, 난 그렇게 믿으려 한다.

요즘 글 냄새에 대해서 종종 생각한다. 향을 싼 종이에서는 향내가 나고 생선을 싼 종이에서는 비린내가 난다. 이제 내 나이가 늦가을이 되었다. 풀벌레 소리 들리는 산사로 향하는 숲길을 걸으며 내 글에서 글내가 났으면 하고 생각해본다. 문향은 여전히 과분하고, 글 냄새라고 하기에는 좀 그렇다. '글내'라 부르면 사람 살아온 이야기는 있을 테니까.

왜 갑자기 할머니가 생각날까. 법당 구석구석을 정성스럽게 닦아내고 문을 나서며 "향내 난다."고 했던 말씀이 왜 불쑥 떠오를까. 어쩌면 할머니는 법당에 들어설 때마다 부처님이 가르친 불법 향기와 사람들이 살아가는 냄새가 어울려야 절답다고 여겼는지도 모른다. 큰자식을 부처님께 보낸 한이 어찌 쉽게 다독여질까. 어느 것 하나 버릴 수 없어 제 운명으로 받아들이며 차디찬 법당 마룻바닥을 단내 나도록 걸레질하셨던 할머니. 그 정성을 본받으면 글내가 풍겨날까.

세월이 지나면서 법당 마루들이 달라지고 있다. 반짝이던 목재 바닥이 사라지고 냉기를 막는 두터운 매트리스가 깔린다. 향을 태운 향기는 변함없으나 사람내 나는 사람들이 산사로 찾아오는 모습도 점점 줄어든다. 향내 나는 조그만 법당의 문고리를 잡았던 정월이 어제 같은데 벌써 한 해가 저무는 냄새가 짙어간다.

지공地空 초짜의 유레카

마침내 이모작 4년차에 들어섰다. 내 처지를 이모작으로 표현하지만 실상은 퇴직자와 은퇴자를 봐준 호칭이다. 평균수명을 80세 정도로 잡으면 남은 15년이지만 100세 시대가 곧 온다니 삼모작이라는 신조어도 생겨날 게 틀림없다. 그것보다 더 와 닿는 말에 지공선사라는 속어가 있다.

아무튼 36년 가까이 내 인생을 기탁했던 강단에서 정년퇴직을 했다. 나이를 꽉 채운 정년이니 퇴출은 아니다. 세월에 쫓겨나고 신진세대에 밀려 "알아서 기어라."는 요즈음 시류와 무관하니 서러워할 것이 없다. 담담하게 첫 출근한 날처럼 의젓하게 마지막 퇴근을 맞이했다.

정년에 대하여 처연한 소회는 결코 갖지 않았다. "시원섭섭하지요."라고 즉문하여도 "아니요."라고 즉답하였다. 고백하자면 퇴직의 허무감보다는 65세를 맞이한 설렘이 더 컸다. 태어난 갑자를 다섯 번이나 맞이하는 기분이 과연 어떨까. 내게 어떤 변화가 일어날까. 선배들은 어떤 감정을 가졌을까. 그들과 나는 무엇이 같고 무엇이 다를까……. 갖가지 궁금증이 폭포수에 비친 무지개처럼 현란하게 피어올랐다.

떨어진다는 것은 반드시 추락을 의미하지 않는다. 낙엽이 떨어지고 빗물이 흘러내리고 폭포수가 아래로 처박혀도 그 속엔 생명의 기운이 깃들어 있다. 물이 떨어진다고 그 본성이 사라지는 게 아니다. 사람도 마찬가지다. 추락하여도 본성은 그대로 남아있다. 그 변화 여부가 퍽 궁금했다. 선물 포장지에 감추어진 내용물 같기도 하고 행운권 추첨에서 번호가 불렸을 때 내 상품이 무엇일까 가슴 설렌 기분이기도 했다.

대학교수의 퇴직은 65세이다. 경로대우를 받는 나이도 65세이다. 65세 이전의 내가 교수직 공무원이었다면 65세 이후의 나는 연금 퇴직자이다. 차이가 이렇게 요약된다. 출근 의무와 함께 업무용 책걸상이 사라지고 마지막 날까지 사용하던 컴퓨터를 반납하였다. 지금부터 종이와 볼펜은 연금으로 사야 한다. 조교에게 심부름을 부탁했지만 이젠 내 손품과 발품을 팔아야 한다. 퇴직하면 모든 것을 새로 배워야 한다더니 일순간에 세상

물정 모르는 늙은 아이 신세가 되어버렸다.

무엇보다 고통스러운 것은 책을 처분하는 일이었다. 연구실 삼면이 책장으로 둘러싸인 섬이니 오죽 책이 많은가. 아파트 한 채 반 값이 넘을 만큼의 돈을 주고 구입한 영어 원서, 전공서적, 교재, 문학저서, 논문, 각종 발표집…… 등이 폐지더미가 되었다. 마댓자루에 조류독감에 걸린 오리 떼처럼 담겨 버려졌다. 책귀신이 있다면 분명 주인에게 악담을 할 것이다. 나와 함께 떠날 책들은 뜻밖에도 영어 원서가 아니라 문학서적이었다. 그 책들도 다시 간택을 거쳐야 했다. 책이 이러할진대 손때 묻은 다른 소모품이나 비품들에 대한 간별 작업은 어떠했겠는가. 버림과 남겨짐, 배신과 저주의 현장이었다.

다행스럽게 주변에서 퇴직은 "불행 끝 행복 시작"이라고 위로해 주었다. "퇴직하는 게 얼마나 자유롭고, 행복하다는 걸 앞으로 알 거요." 하고 선배 퇴직자들이 위로했을 때 단순히 격려인가 여겼지만 당사자가 되고 보니 정말이었다. 이삼 년 더 일찍 벗어났더라면 하는 아쉬움도 없지 않았다. 장기근속에 따른 홍조훈장은 받지 못했겠지만.

나의 만년晩年 행복을 증명하는 곳은 엉뚱한 데 있었다. 지하철을 공짜로 타는 소위 '지공선사'라는 신분 획득이었다. 퇴직한 후에도 한동안은 겸연쩍어 1,300원 승차권을 끊어 지하철을 탔다. 사실은 정말 공짜로 탈 수 있는 건지 믿을 수 없어서였다.

근 석 달이 지나 공항에 갈 일이 생겼다. 갈 때는 지공의 자격을 깜박 잊고 지하철 표를 끊었지만 돌아올 때는 반드시 공짜로 타리라 작정했다. 주민등록증을 발권기에 올렸더니 "투둑", 경로승차권이 튀어나왔다. 감격스러웠다. 알라딘의 마술램프처럼 "공짜표 나와라, 뚝딱."이라며 나를 경로자로 인정해주는 게 고마웠다. 혜택을 베푼 대한민국이 자랑스러웠다. 아직은 선배를 제치고 경로석에 앉기가 뭣하지만 언젠가는 당당하게 그 자리를 차지해도 되리라. 무엇이든 희망을 품으면 내일이 즐거울 게 아닌가. 다음날, 출입구에 대기만 하여도 문이 자동으로 열린다는 것을 알고 부산은행으로 직행하여 경로승차권을 발급받았다.

알고 보니 경로우대의 위력을 발휘하는 곳이 한두 군데가 아니다. 줄서기도 법적으로 보호받는다. KTX를 타고 서울나들이를 할 때의 경비 절감은 더없이 실속 있다. 서울에서도 주민등록증을 발급기에 올리고 500원을 넣으면 무료승차권이 나온다. 당연히 환급기에서 500원을 되찾을 수 있다. 나는 대한민국의 당당한 국민이다.

언젠가 전국의 지하철 라인은 모두 무료시승해 볼 참이다. 누군가 서울서 춘천까지도 경로이면 무료 탑승이 가능하다던데 사실이라면 그 노선도 빼먹지 않을 참이다. 전국 고궁, 박물관, 국립공원도 무료입장인 만큼 그 순례도 버킷 리스트에 올릴 것이다.

며칠 전 멋진 생각이 떠올랐다. 경로우대증을 소지한 사람들의 모임을 만들어 전국 유람을 하고 그 체험을 글로 발표하면 어떨까 하는 발상이다. 한때 TV에 〈꽃보다 할배〉라는 유명 탤런트들의 외국 나들이를 방영하던데 국민이 낸 시청료를 꽤 낭비한다는 생각이 들었다. 그것보다는 전국 경로자 유람 체험대전을 실시하면 최소의 비용으로 '우리 강산 좋을시고'를 모두 즐감하지 않을까. 이런저런 궁리 끝에 자천自薦하였다. 그 직함이 한국지공인유람협회이사장이다. 3개월 만에 무직자에서 벗어났다.

유레카.

7부 고전을 다시 읽듯

남녀의 심장과 두 눈이 부딪치면 언제 어디서든 탱고가 된다. 세상 만물이 생生하고 동動하고 윤輪하는 순간이다. 이것을 선인들은 선禪이라 불렀다. 세상 모든 고통과 고난을 나누기 위해 잡은 손은 춤을 추자는 게 아니라 함께 밥 먹고 잠자고 말하자며 내민 부탁이고 호소다. 그 손을 잡아주기 위해 손을 내밀면 춤이 시작된다. 탱고는 헌신이고 희생이다. 부에노스아이레스에서는 모든 것이 탱고다.

— 〈탱고 무희는 결코 울지 않는다〉 중에서

탱고 무희는 결코 울지 않는다

춤은 소리 없는 말이다. 가슴과 손과 발이 어울리면 세상의 어떤 희비도 그려낼 수 있다. 변화무쌍한 율동과 리듬은 연인을 사랑하고 이별을 슬퍼하고 죽은 자를 위로해 준다. 아프리카 토인, 에스키모 아가씨, 몽고 초원의 청년도 춤에 살고 죽는다. 붉은 꽃처럼 피고 푸른 나무처럼 솟고 검은 바위처럼 웅크리며 말하는 것이 춤이다.

세상 곳곳에 춤이 산다. 쿠바의 살사, 브라질의 삼바, 이슬람 문화권의 밸리댄스, 스페인 집시의 플라멩코, 하와이의 훌라, 인디언 부족의 선댄스, 한국의 탈춤은 모두 민중의 관능적인 언어다. 오해하기 쉽고 배우기 어려운 문자가 아니라 태어나면서 누구나 가진 몸 하나로 사랑은 황홀하지만 세상살이는 냉혹하다는 사실을 환幻의 몸 선으로 나타낸다. 하룻밤 무대 위에서 피고 스러지는 꽃.

그 향연 중의 하나인 탱고를 오래전부터 대면하고 싶었다. 20세기 초까지 아르헨티나의 수도 부에노스아이레스는 농산물 수출로 번성하면서 유럽 출신 이민자들의 집결지가 되었다. 항구 도시 보카에는 어부와 공장 노동자와 술집 여자들이 모여들어 '아르헨티나 드림'을 꿈꾸며 밤낮으로 일했지만 삶은 늘 궁핍했다. 햇살 없는 뒷골목에서 고단한 생존을 달래기 위해 밤마다 어울려 춤을 추었다. 아르헨티나 상류층들은 탱고를 "부둣가의 천하고 더럽고 음탕한 춤"이라며 멸시했지만 유럽인들은 탱고 특유의 에로틱한 동작에 매료되었다. 그리고 탱고는 카미니토 거리로 되돌아왔다.

관능은 짧고도 슬프다. 탱고를 "하나의 가슴, 네 개의 발"이라 부르듯이 이 춤의 특징은 최대한 신체를 밀착시키는 것이다. 오래전에 탱고 선생은 사과 한 알의 틈만 남기라고 가르쳤고 두 몸이 부딪치지만 마음이 통하지 않으면 아름다운 춤을 출 수 없다고 했다. 그 신비를 회상하고 싶어 '호텔 스칼라'에 머무는 사흘 동안 두 번이나 Homero Manzi 탱고극장을 찾아갔다. 벽과 복도에는 무희들의 사진이 가득 걸려 있고 고동색 테이블마다 하얀 천이 깔려있었다. 일인용 좌석에 정중하게 안내받아 품위 있게 앉았다. 테이블에는 은빛 나이프와 포크가 분홍 천에 감싸여 있고 웨이터는 적색 와인 한 병을 가져왔다.

탱고는 적백흑의 무희복을 갖춘 무사舞士들의 춤이다. 화려한 무대이든 노천시장 바닥이든 몸으로 비애와 슬픔을 녹여내는 그들은 바이올린 하나만으로도 삶의 리듬을 탄다. 춤을 추는 동안 눈물을 흘리지도, 통곡하지도, 신을 저주하지도 않는다. 아무도 미워하거나 비난하지 않는다. 오직 모든 것을 죽음의 제단에 바치려는 순절의 자세로 처연하고 요염한 환희에 몰입한다. 냉정과 열정이 손끝과 눈초리와 발끝에서 무상의 선을 그리면 주변은 일순간에 얼음처럼 얼어버린다. 부동의 두 자세가 세상의 모든 대립과 충돌을 막는다. 사랑하라. 사랑의 시간은 너무나 짧다. 누가 세상의 언어를 힘들여 만들었는가. 몸이 서로를 잇거늘. 모든 언어는 탱고 앞에서는 무익하기 짝이 없는 복잡한 기호에 불과하거늘.

두 남녀가 서로 엉킨다. 여인의 하얀 두 손이 남자의 어깨를 칡넝쿨마냥 붙들고 흰 허벅지로 남자의 허리를 감싼다. 남자의 한 손은 여인의 허리를 분질러 버릴 듯 움켜쥐고 다른 한 손은 여자의 왼손을 붙잡았다. 도망칠 수 없는 늪에 빠진 두 짐승이 서로를 믿지 못해 엉키고 틈 없이 밀착한다. 그러다가 알 수 없는 반작용으로 떨어진다. 두 몸의 틈으로 하얀 조명불과 악기의 선율이 빠져나온다. 호흡마저 멈춘 적막한 포즈, 천사와 악마조차 신음을 토하고 관객들은 탄식의 한숨을 내쉰다. 아무리 질긴 사랑도 저렇게 멈추는 거야. 모든 게 일순간 저렇게 죽는 거야.

탱고를 출 때는 시선을 마주하지 않는다. 데스마스크처럼 웃지도 미소 짓지도 않는다. 냉정하다 못해 먹이를 앞에 둔 맹수의 눈처럼 차다. 마주치면 모든 것을 잡아먹을 듯 상대를 찌르고 용암처럼 뜨겁게 만들기 때문이다. 눈빛은 열정의 불침이므로. 손으로 흐르는 맥은 수천 볼트의 전류이므로. 그 촉수는 모든 것을 주고 깡그리 훔치겠다는 탐욕의 빨판. 네 개의 손과 네 개의 발이 한 점 마음에 모아지는 게 꿈이니까. 함께 살고 사랑하고 죽는 게 인생이니까.

격조 있는 탱고엔 소리가 없다. 발을 굴리고 손바닥을 치는 탱고는 거리카페에서 추는 삼류 춤이다. 나비가 꽃잎 위에 앉듯이, 눈이 땅위에 내리듯이 네 개의 발이 무대 위에서 소리 없이 구르고 얹히고 들리고 미끄러진다. 실제 몸의 하중이 한곳에 모일 때는 소리 한 점 없다. 이토록 격렬하면서도 소리 내지 않는 게 가능할까. 그렇다. 생이 참으로 고단하면 소리 낼 여력이 없다. 신음도 고통도 한숨도 내지를 힘이 없다. 열락이 지나간 후 땀에 젖은 몸을 뉠 때의 정적. 마지막 생명의 숨을 거둔 사자死者

를 에워싸는 적멸. 혼魂으로 춤추는 자에게는 내일이 없다.

태양과 달이 구르는 소리를 들었는가. 꽃이 피고 열매가 맺는 소리를 들었는가. 별이 흐르는 소리를 들었는가. 탱고는 소리 없는 실내악이다. 모든 악기가 내는 소리를 담은 오선지 위의 선율도 무음이다.

격렬한 율동이 멈춘 순간엔 죽음이 함께한다. 세상의 모든 동작이 그것을 위해 준비하고 존재한다. 남녀의 두 심장과 네 눈이 부딪치면 언제 어디서든 탱고가 된다. 세상 만물이 생生하고 동動하고 윤輪하는 순간이다. 이것을 선인들은 선禪이라 불렀다. 세상 모든 고통과 고난을 나누기 위해 잡은 손은 춤을 추자는 게 아니라 함께 밥 먹고 잠자고 말하자며 내민 부탁이고 호소다. 그 손을 잡아주기 위해 손을 내밀면 춤이 시작된다. 탱고는 헌신이고 희생이다. 부에노스아이레스에서는 모든 것이 탱고다. 먹고 쉬고 놀고 자는 것. 옷가게, 선물가게, 심지어 서점조차 탱고가 없으면 간판을 내린다.

탱고가 발생한 곳은 부에노스아이레스의 외곽에 있는 라 보카 지구의 카미니토 거리다. 이곳을 찾지 않으면 탱고의 속살을 말할 수 없다. 금방이라도 쓰러질 듯한 목조 건물 벽마다 오색으로 그려진, 춤추는 여인들과 근육질 노동자, 흙먼지를 마다하지 않고 노천카페에서 일하는 탱고 무희, 맥주를 마시며 밤을 기다리는 연인들, 팁을 얻기 위해 열심히 잔을 나르는 어린 소년과 카페 여급. 이 골목 벽화들은 백여 년 전이나 지금이나 이민 노동자들의 삶을 고스란히 재현해 주는 무대 배경이다. 화려하게 채색된 관광 거리를 따라 늘어선 선물가게와 음식점과 술집과 반 평짜리 숙소들도 빈한한 노동자들의 삶을 고스란히 드러낸다.

무턱대고 삐걱거리는 나무계단을 타고 어느 이층으로 올라갔다. 뜻밖에 그곳은 일흔 살이 넘은 할머니 아티스트 화실이었다. 처음으로 동양인이 찾아왔다며 반가운 미소를 짓는 그녀는 아르헨티나 노동자들의 애환을 30년 넘게 그리고 있다고 곁에 있던 할아버지 남편이 자랑했다. 빈촌 골목에서 태어난 노화가의 붓끝에서 탱고는 아름답고 순결한 춤으로 되살아나고 있었다. 할머니는 스페인어로, 나는 영어로 반쯤 이해하는 대화를 나누는 동안 갖가지 포즈의 탱고를 지켜보았다. 그녀와 사진을 찍고 두 남녀가 가스등 불빛을 받으며 춤을 추는 그림 한 점을 샀다.

두 번째 관람한 무대에서도 탱고는 아름다웠다. 두 쌍의 네 남녀가 마치 사랑을 겨루듯 춤을 춘다. 춤 모양은 다르지만 사랑은 하나다. 남자는 두 발을 축으로 상대 여자의 몸을 돌리며 사랑과 증오, 시기와 질투를 표현한다. 꺼지기 직전의 불꽃이 강렬하듯 심장의 피를 역류시킬 정도로 눈부시게 회전한다. 허연 자작나무 같은 허벅지와 붉은 입술로 남자의 뜨거운 심장을 덮는다. 마치 저녁이 왜 이리 느리게 올까. 새벽이 왜 이리 이르게 올까, 하는 표정이다. 여자의 붉은 치마와 남자의 검은 정장이 어울려 투우사의 붉은 뮬레타와 검은 황소가 피도 죽음도 거부하지 않는 만남을 떠올려 준다. 탱고는 두 사람의 생명과 죽음을 함께 요구한다. 사랑도 그렇다.

부에노스아이레스에는 탱고가 있어 하늘의 별도 눈물을 흘리지 않는다. 오늘도 카미니토 거리에서는 고양이도 탱고를 춘다.

빙심氷心

살아있다. 태곳적 큰물로 흐르다가 일순간에 냉동된 존재. 그것은 죽은 빙벽이 아니다. 아무도 눈치 채지 못하게, 신의 눈에도 띄지 않게 움직인다. 세상에서 가장 느린 동작으로 기며 움직이는 얼음 강. 오직 앞으로만 진군하는 외곬의 무리. 우회나 후퇴의 길을 찾지 않는다. 눈과 손발이 없지만 온몸에 돋은 돌기 세포로 이루어진 파충류처럼 수천 미터 계곡을 조금씩 훑으며 내려온다. 제 방향 찾아 통째로 움직인다.

주변의 모든 것은 그 위엄찬 행진을 막을 수 없다. 비명도 고함도 지를 수 없고 경탄의 목소리조차 내지 못한다. 산허리를 깎아 거친 절벽을 만들어 나무와 풀이 뿌리 내리는 것을 한 치도 허락하지 않는다. 꽃과 열매가 맺는 것도 좌시하지 않는다.

지나간 곳마다 오직 거친 바위와 돌 자갈을 잔해로 남긴다. 침묵의 서행徐行. 불가역의 완행緩行. 누가 그것을 가로막을 건가. 페리토 모레노 빙하는 무적의 독재자이다.

아르헨티나와 칠레가 국경을 맞댄 곳에 파타고니아 대륙이 있다. 파타고니아는 남미대륙의 척추인 안데스산맥이 끝나는 지역으로 영국 탐험가 에릭 시프턴이 '폭풍우의 대지'라 불렀던 곳이다. 거센 편서풍과 탁류를 이루는 강수량과 뾰족한 설산과 기묘한 피오르드와 만년 빙하로 짜인 이곳으로 누구나 한 번은 오고 싶어 한다. 황량하므로 더욱 신비롭고, 화려하므로 더욱 매력적이다.

바람이 주인인 파타고니아 대륙을 방문하는 것은 내 버킷 리스트 중의 하나였다. 하루하고도 반나절의 비행시간을 헌납한 끝에 마침내 올 2월 초 현실이 되었다. 캐나다 로키산맥에 자리한 밴프에서 빙하를 처음 만난 이후 8년 만에 남미 여신이 자랑하는 하얀 발톱 같은 빙원에 몸을 얹은 것이다.

파타고니아는 세계적으로 유명한 빙하 대륙이다. 안데스산맥 곳곳의 계곡에는 크고 작은 50개 이상의 빙하가 끼여 있다. 말 그대로 결빙 상태로 수만 년을 버티고 있다. 수 킬로미터에 걸쳐 펼쳐져 있는 빙원은 어느 누구도 받아들이려 않으려는 폐쇄적인 형상을 숨기지 않는다. 감당하기 어려운 성격 자체라는 은

유적인 표현이 적합한 존재다.

빙하는 지구를 받치고 있는 지각판을 연상시켜 준다. 땅속에 숨은 지각판이 핏빛 용암 덩어리라면 빙하는 지상에 드러난 흰 얼음판이다. 빈틈없이 꽉 짜여 바람 한 줄기 들어갈 수 없는 완벽한 결빙이 경악스럽다랄까. 페리토 모레노 빙하도 길이 35㎞, 폭 5㎞, 평균 높이가 60m인 얼음 성벽이다. 빙벽 일부가 호수에 떨어지면 하늘로 치솟은 대왕고래가 해수면에 부딪칠 때와 같은 파열음을 낸다. 지구 온난화가 계속되면 빙하도 소멸된다니, 내 생전에 녹지는 않겠지만 언젠가는 사라질 터이므로 남미 대륙 끝 파타고니아에 오기를 참 잘했다.

빙하는 멀리서 보아서는 안 된다. 하얀 거산에 붙은 개미처럼 직접 올라가봐야 한다. 아이젠을 신고, 장갑, 모자, 두터운 방한복으로 몸을 감싸고 빙산 안으로 들어가야 한다. 나도 오르기 시작했다. 가이드가 양쪽에서 보호해주지만 상상 이상으로 불안정한 형태에 오금이 저린다. 매끄럽고 가파르고 경사지고 요철이 심하다. 햇빛에 번쩍이는 표면이 요사스럽다. 숱한 방문객이 발을 디뎠음에도 흔적 하나 없는 단단한 표면이 불길하다. 방심하면 순식간에 깊이 모를 크레바스에 빨려들어갈 것만 같다.

한 발 한 발 딛는 사이에 출발지에서 꽤 떨어진 빙하 위에 올라섰다. 육지 산맥이 산 너머 다른 봉우리가 거듭하듯 빙하도

백색 구릉이 연이어 이어진다. 얼음 고원이다. 내가 올라온 것이 아니라 빙하가 엄전하게 나를 얹어주고 있다. 조그만 새 한 마리를 바위 틈새가 안고 있는 것처럼, 외딴집 하나 품고 있는 산골처럼, 빙하가 조그만 육신 하나 등에 얹은 빙하가 무심히 잠을 잔다. 유인원 하나쯤은 티끌도 아니라며 미동도 하지 않는다.

그게 아니다. 움직이지 않은 척 움직인다. 그러면서 고래 등에 얹힌 새우 한 마리에게 타이르듯 말한다. 내 움직임이 느껴지는가. 지금까지 노여움과 아픔으로 마음이 언 사람을 너의 등에 얹은 적이 있는가. 절망에 빠진 누군가를 위하여 몸을 빌려준 때가 있는가. 그저 그런 사람도 가까이 다가가면 갖가지 곡면과 포물선과 무늬를 지니고 있단다.

비로소 빙하가 무엇인지 알겠다. 동일한 모양과 선과 문양이 없다. 백색이 아니라 황톳빛, 연푸른빛, 청잣빛, 녹빛을 품고 있고 검은 티끌도 점점이 박혀 있다. 섬뜩하리만큼 푸르고 오싹하리만큼 하얀 틈마다 다른 빛이 배어 있다. 신과 악마가 여기서만은 함께 이루어낸 합작품. 그러고 보니 햇빛 채광과 구름층 두께에 따라 시시각각 달라지는 화이트 그랜드 캐년이다. 호주의 심장부에 자리한 우룰루 바위이다. 히말라야 설산이다. 결속된 물신物神. 그것은 덩어리 개념을 초월하는 모든 분자들의 군락지이기도 하다.

무엇이 그것을 움직이게 하는가. 설한풍이 빙하의 흐름을 늦추거나 빠르게 할까. 빛의 황제인 태양이 간간이 빙면을 녹인다고는 하지만 도도하고 거만한 빙구氷丘를 움직이게 하지는 못한다.

조용히 몸을 뉘었다. 장갑과 모자를 벗고 몸을 밀착시킨다. 빙하가 감춘 동맥과 정맥이 느껴진다. 빙하가 녹아 졸졸 흐르는 곡수曲水의 소리가 들린다. 빛은 푸른빛. 맛은 담색. 남극이 지척인데 그쪽에서도 수만 년 참고 참은 상처가 녹고 있겠지.

빙하수가 내는 지극히 낮은 소리. 누군가를 얼게 하지 말라. 경거망동, 부하뇌동하지 말아라. 과묵근신하며 살아라. 사람의 가슴을 얼게 하지 말라. 언 가슴은 만년이 지나도 녹지 않는 빙하이므로 네 가슴을 먼저 따뜻하게 하라. 가슴 속 빙하 하나가 수만 톤 크루즈 여객선도 침몰시킨다는 사실을 기억하라.

광폭狂瀑의 사辭

사물마다 본성이 있다. 불은 타오르고 바람은 골을 따라 지나고 오르내리며 물은 땅의 고저에 맞추어 흐른다. 흙도 세월 따라 풀리고 굳는 것을 되풀이한다. 우주의 4원소인 이들은 한곳에 가만히 있지 않고 어떤 방식으로든 변하고 움직인다. 세상을 생동케 하면서. 자신이 처한 자리에서 가장 알맞게 모양을 달리한다. 주변과 절묘한 조화를 이루는 것이다.

물은 순진하지만 가장 변덕스럽다. 시간과 인생과 바람도 흐르지만, 유수流水는 물의 속성을 가장 잘 보여준다. 지세地勢 따라 흐른다는 말이다. 흐름이 겉 동작이라면 따름은 속 순명이랄까. 구름이 비가 되어 지상에 안착하면서 흐르고 멈추고 달리고 떨어지고 부딪치는 이동은 변덕이 아니라 순응이다. 그 절묘한 변신 중의 하나가 낙수落水이다.

한 달 간의 남미여행 중에서 환희와 충격을 동시에 받은 곳이 이과수폭포다. 미국의 나이아가라와 아프리카의 빅토리아와 함께 세계 3대 폭포로서 브라질과 아르헨티나가 공유하는 이 거폭을 대했을 때 마치 지구 끝으로 내몰린 기분이었다. 장엄한 것에는 애잔함이 깃들어 있는 법. 아마존 전설에도 슬픈 사랑이 흐른다. 강에 사는 이무기에게 바칠 제물로 제비 뽑힌 부족장의 딸은 사랑하는 청년과 도망치지만 폭포에 먹힌다. 남자는 악마인 폭포에 떨어져 무성한 야자수가 되고 처녀는 거친 물줄기에 온몸을 강타당하는 바위가 된다. 물속 괴물 때문에 죽는 연인들은 물이 갖는 신성함과 공포심의 희생자들이다. 그 비련 탓일까. 이과수엔 밤낮으로 물안개가 피어오르고 귀를 멀게 하는 통곡이 그침이 없다.

폭포를 제대로 구경하려면 인내심이 필요하다. 일찍 일어나고, 이과수 국립공원행 버스를 잘 골라 타고, 오픈형 고물 트럭을 마다하지 않고, 폭포 샤워를 즐기고, 미니열차를 잽싸게 타고, 1㎞가 넘는 철제 다리의 무더위를 견디고, 넘치는 관광객들 사이를 헤쳐 나가는 투지를 지녀야 한다. 악마의 목구멍과 '어퍼 서킷'과 '로우 서킷' 코스를 모두 둘러보려면 부지런히 걸어야 한다. 무엇보다 한 군데 폭포만 오래 볼 수 없다는 조건을 받아들여야 한다. 자연으로부터 치유를 받을 거라는 기대보다 하루 종일 인파에 시달릴 거라고 예감하면 이과수 나들이행이 더 편해진다.

이과수 코스 중에서 가장 유명한 곳이 악마의 목구멍이다. '심연으로 뛰어드는 대양'이라는 별명에 솔깃해진 나는 인파 속에서 최대한 오래 머물렀다. 100미터에 이르는 낙폭과 150미터의 깊이를 자랑하는 폭포는 웅장한 성채였다. 절벽 끝에 다다를 때까지 물줄기는 넓고 얕고 조용했지만 물은 일순간에 음습한 구토를 일으킬 정도로 변해버린다. 주변의 모든 것을 빨아먹어 버리겠다는 기세에 혼절할 정도였다. 누군가 이 폭포를 1분간 바라보면 근심이 사라지고, 10분 동안 보면 온갖 인생 시름을 잊고, 30분이면 영혼을 빼앗긴다고 했다는데 온몸이 물 범벅이 되고 두 눈을 뜰 수 없고 귀가 멍멍해지면서 붕 뜨는 환각 같은 기분에 빠졌다. 반시간을 분명 넘겼을까. 입안에는 초름하면서 달콤한 물이 고이고 바지에서는 끊임없이 물이 흘러내리면서 두 귀는 굉음에 시달리기 시작했다. 신열을 앓으며 기억 상실증에 걸린다더니, 다른 모든 게 잊혀졌다. 지축을 울리는 탱크 같은 박동에 혼줄을 놓아버린 사람이 어디 나뿐일까.

물의 분자식은 H_2O이다. 그러나 세상 물은 소리로 이루어진다. 아이들이 멱 감던 소리, 마을 아낙들이 빨래하는 소리, 사자와 코끼리들이 들이켜는 물소리가 담겨있다. 하지만 이곳 물의 소리는 다르다. 가슴을 쿵쿵 울리다 못해 곁에 서 있는 나무와 저 멀리 떨어진 산마저 울릴 굉음. 시시포스가 바위를 굴리며 뿜어내는 숨소리가, 제우스가 지팡이로 하늘을 치는 천둥소리가, 야생말들이 갈기를 날리며 달릴 때의 발굽 소리가, 유성이 지구에 부딪치는 소리도 이럴 것이다. 별빛 내려앉고 눈송이 날리고 낙엽 하나 떨어지는 소리도 이럴 것이다. 나비가 꽃잎에 앉을 때, 나무에 움이 틀 때도 초음파를 낸다. 가슴 아팠던 사람도 모든 소리를 부산 떨지 않고 받아들인다.

강은 모른 척하는 존재이다. 모르는 척하는 행동이 쉽지 않다. 평생 순리만을 따르려는 사람은 상처를 입는다. 물도 상처를 받는다. 사람들은 물은 무감각하다고 말할지 모르나 물만큼 고통을 절절하게 껴안는 물상이 없다. 큰 강일수록 그 고통은 깊다. 겨울이면 꽁꽁 얼고, 여름이면 거친 바위 위를 뒹굴고 지하에 스며들면 숨죽여 인내한다. 메말라 증발하여도 신음소리를 내지 않는다. 아프다, 외롭다, 슬프다 말하지 않는다. 침묵의 순리는 그런 것이다.

그런 강이 백하白河라는 이름을 얻는다. 백하 중의 백하는 폭포다. 적어도 내가 본 이과수폭포는 가장 완벽한 백하이다. 황하, 청하, 흑하라는 모든 이름을 정복한 숭고한 존재.

백하는 한 번은 자신의 인내를 거부한다. 척하지 않고 내숭 떨지도 않는다. 은폐해 온 기질을 모두 드러낸다. 굽이치고 뒤틀리고, 휘감고 돌아서고, 내리꽂고 엉키고, 떨어지고 솟구치고, 붙들고 밀치고, 인간이 몸으로 표현할 수 있는 이상의 모습과 모양으로 악을 쓴다. 고함치고 통곡하고 분노하고 절규하고 울부짖는다. 욕하고 저주하고 비난하고 을박지르고 발길질한다. 언제 내가 순종하였는가. 너나의 심장을 쥐어뜯자고 비명을 지른다. 그 순간에 광기의 물줄기와 광염의 물보라를 내뿜는 폭포가 된다. 수백 길 추락으로 펼쳐내는 순수한 파노라마. 순결하고 순진한 패러다임, 그 경이적인 물길을 배운 사람이면 그지없는 상처를 입어도 너그러울 것이다.

물, 물, 물이 투신한다. 온몸을 짓이겨 백혈白血로 그려낸 한 폭 절벽화, 마지막 획을 그으며 단장의 신음을 토한다. 비명 고통 절망 기쁨 환희 열정……. 온몸을 바위에 부딪혀도 단말마의 웃음을 낸다. 비통함과 처절함에 온몸이 떨리다 못해 그 절규의 순수성에 목울대가 뜨거워진다. 추락하지 않으면 아니 될 그 순간에, 모든 것을 놓지 않으면 아니 될 그 순간에 산화하는 폭포, 흔적 하나 남기지 않고 승천하는 혼백. 꼿꼿이 서서 맞이하는 폭포의 내림굿에 내 몸이 기우는 이유가 이것이다.

때마침 물의 오케스트라단 위로 무지개 한 줄기가 길을 낸다.

고전을 다시 읽듯

종종 탈출하고 싶다. 이유를 콕 말할 수 없다. 권태롭다거나 무미건조한 나날은 아니지만 가끔 제자리 제시간에서 벗어나고 싶다. 노마드의 유전자가 꿈틀거리는지 거리가 가깝고 짧은 기간에 다녀올 수 있는 곳보다는 멀리 더 오랫동안 떠나 있고 싶다. 출발 날짜가 늦추어지면 정신이 휑하고 몸이 까닭 없이 아프기 시작한다. 마음보다 몸이 먼저 안다. 떠나지 않으면, 벗어나지 않으면 안 된다는 신호가 깃발처럼 높이 오른 때이다.

불시에 폭발하고 말 거야. 전번에도 멈칫거리다 낭패를 보았지. 장거리 여행이 가능한 다음해 여름이 오려면 거의 일 년이나 남은 9월인데 벌써부터 근육이 욱신거리고 사지가 뻣뻣해지니 미리 처방을 해야 해. 주변에 묻지 않아도 돼. 몸이 알아서 떠날 테니까. 이번엔 신열이 지독하므로 한 번도 가보지 못한 먼 곳으로, 쉽게 시간과 마음을 내기 어려운 거친 곳으로, 누구에게도 방해받지 않고 마음대로 나를 부릴 수 있는 낯선 곳으로 가야 해. 소리 소문 없이 몸의 부름에 응하여 겨울 여행 계획을 세웠다.

여행은 축제이다. 현재의 자신을 잡아먹는 카니발이다. 지금까지 살아온 시간과 장소에서 이탈하고 일상적으로 만나던 사람들과 결별한 채 전혀 다른 세계로의 이주이다. 현 자아로부터의 탈출과 신 자아로의 입문이라는 죽음과 재생이 동시에 베풀어지는 변신의 사육제인 셈이다. 나를 제물로 삼아 한 달간의 여행을 위한 짐을 꾸렸다.

꼭 필요한 물건만 챙긴다. 변덕스러운 기후와 적응이 안 된 지형과 문화권역을 쉬지 않고 넘나들어야 하므로 줄이고 줄여도 짐이 많아진다. 지금까지와 달리 책과 노트북은 아예 가방에 담지 않기로 한다. 가벼운 메모 공책과 몇 자루의 볼펜만 넣는다. 공항에서 대기하거나 비행기 기차 버스를 타는 시간에도 결코 책을 보거나 글을 쓰지 않으리라. 난 기자도 아니고 여행작가도 아니고 독서광도 아니다. 지금까지 너무 많은 글을 썼고 너무 많이 읽었고 너무 깊이 생각했다. 그게 지금의 나이므로 그를 죽여야 한다. 죽이는 방법은 읽지도 쓰지도 않는 거다. 사유니 성찰이니 인식이니 하는 건 진짜 나를 죽이는 독이다. 생중사生中死라는 말도 있다.

더구나 그곳에는 본 적이 없는 산맥, 고원, 사막, 원시림, 평원, 빙원, 대양이 있다. 사진으로만 구경했던 고궁과 성당과 절벽도시가 있다. 양털 모자를 쓰고 빨간 망토를 두른 인디언들이 기다린다. 와인과 춤과 음악과 과일과 구운 고기가 준비되어 있다. 번쩍이는 태양과 푸른 소금사막도, 붉은 분화구도 있다. 그들을 보는 것만으로 숨이 차고 가슴이 두근거리고 밤잠을 설칠 텐데 어찌 책 볼 여력이 있을까. 그러니 이번엔 책이 아닌, 두껍고 난해한 고전을 읽는 기분으로 자연 그대로의 대륙으로 떠나리라. 그 꿈에 맞게 남미대륙을 종횡하는 세미 패키지여행 일정을 잡았다.

머물던 장소에서 다른 곳으로 오직 여행을 목적으로 이동하는 동물은 호모 사피엔스, 인류뿐이다. 그 외의 모든 동물이나 조류들은 생존하고 먹이를 얻기 위해 서식지를 옮긴다. 메마른 사막을 터벅터벅 걷는 낙타는 짐과 사람을 운반하기 위해 지평선을 바라보며 걷는다. 지평선은 그들에게는 꿈의 지향점이 아니라 고역의 임계선이다. 아프리카 초원을 매년 오가는 이누 떼나 그 뒤를 따르는 사자도 먹이를 찾아 걷고 달린다. 하늘을 나는 독수리도 여행하기 위해 날개를 펼치지 않는다. 해류 따라 움직이는 상어와 돌고래조차 느긋하게 여행할 팔자가 아니다. 신은 왜 그들에게 여행의 묘미를 맛보게 허락하지 않았을까.

사람이 여행하는 것은 그의 마음에 바람이 불기 때문이다. 방랑벽이든, 장돌뱅이 체질이든, 나그네 식객이든, 야생마 피를 이어받았든, 바람기를 따라 움직인다. 연, 팔랑개비, 풍속계가 그들의 측량기이다. 한 번씩 수혈 받아야 생명을 연명하는 불치병 환자 같은 유랑인이 여행자이다. "돌아오기 위해서가 아니라 다시 떠나기 위해 간다."는 파타고니아 대륙 여행 문구에 반하여 선뜻 27인의 그룹에 참가했다. 알고 보니 싱글은 나를 포함하여 단 두 명이었다.

예로부터 자연이 가장 위대한 도서관이라고 말한다. 바꾸어 말하면 위대한 책도 장엄한 자연이다. 갖가지 지형을 지닌 책이 고전古典이라고 할 수 있다. 고전을 읽으면 마치 미지의 대륙을 여행하는 기분이 든다. 떠나는 횟수가 많아질수록 더욱 바람이 드는 게 여행이고 읽을수록 깊이 빠져드는 게 고전이다.

책을 읽다 보면 예상하지 못한 내용을 만난다. 기막힌 문구를 대면하고 숨이 막힐 때면 피오르드 협곡이나 바닷속 해구에 쑥 빠진 기분이 든다. 교향곡이나 거장이 그린 명화 같은 묘사를 대하면 좍 펼쳐진 아름다운 꽃 평원을 걷는 희열을 느낀다. 첫눈에 들어오지 않는 난해한 내용이 몇 페이지 이어질 때면 꼼짝

없이 사막이나 턱턱 숨이 막히는 밀림에 갇힌 절망에 빠진다. 그 동질성이 여행과 고전에 중독되게 만든다.

고전을 페이지마다 펼쳐놓고 내려다보면 영락없이 대륙 지형을 닮았다. 보통 지식으로는 도저히 오를 수 없는 철학은 산맥이다. 평생 읽어도 닿지 못할 인생론은 노를 저어서는 도저히 건널 수 없는 대양이다. 해박하면서도 절절한 인문학은 기름진 평야를 촉촉하게 적셔주는 대하 같다. 감각적인 언어와 수사는 오월의 오후 바람이 스치는 맑은 호수가 아닐까. 이런 이유로 고전 속의 작가를 만나려는 것이다. 만일 미지의 대륙이 철학이고 시이고 문학이라면 무슨 별다른 책이 필요할까. 대륙도 사람도 직접 눈으로 지켜보고 마음으로 읽어야 한다. 잉카인들의 망토에도 읽어야 할 진실이 나름 있는 법이다. 그래서 이번 여행은 고전을 다시 읽는 마음으로 떠난다고 거듭 다짐한다.

한 달간의 남미 여행은 내겐 진정한 고전 독서였다. 고전엔 주석의 도움이 있어야 한다. 텍스트 속의 텍스트이다. 여행 중에 예정에 없는 돌발 일정은 감격적인 주석과 같다. 칠레 시인 파블로 네루다가 살았던 생가 세 군데를 방문한 것이다. 남미여행의 하이라이트였다. 택시를 전세 내어 오후부터 심야까지 시내와 언덕과 바닷가에 자리한 그의 생가를 돌아보면서 시인의 방랑과 열정을 이해하게 되었다. 그렇게 사랑하고 그런 사랑의 시를 쓸 수밖에 없었던 이유는 바닷바람 때문이라는 것을. 그의 자취를 따르는 동안 아낌없이 돈을 썼다. 나도 작가이므로.

브라질 2020 삼바 축제를 관람했다. 수만 명의 군중이 수 시간 동안 기다렸다가 로마 군단처럼 대오를 지어 현란한 춤을 추며 삼바경기장 안으로 진군해 들어왔다. 온몸을 가면과 전통 의상으로 치장하고 사순절의 고난을 축제로 만드는 무희들은 놀랍게도 광란의 젊은이들이 아니었다. 나보다 나이가 많은 할아버지 할머니 시민들이었다. 공연을 마친 후, 브라질의 열정과 혼을 지닌 노인네들이 도보로 삼삼오오 무리를 지어 집으로 돌아가는 모습을 지켜보면서 비로소 삼바는 브라질 자체임을 알게 되었다.

달라진 눈과 귀를 갖고 남미에서 돌아왔다. 그때 한국은 중국에 이어 코로나로 난리법석이었다. 내가 돌아온 열흘 후 공항이 폐쇄되었다. 사람들은 나보고 운이 좋다고 부러워했다. 남미 고전 일독이 무사히 끝났다.

8부 서산일락西山一樂

서산일락西山一樂

소품문小品文 곁

관촌冠村 속으로

누비처네에 안기다

가을엔 글 숲 여행을

에세이스트들은 자신의 삶을 얽맨 덫이 무엇임을 알아차린다. 그저 평화로운 표정을 짓지만 감수성이 예민한 작가는 불길한 예감을 갖고 그것에 관해 글을 쓴다. 찰스 부코스키가 《죽음을 주머니에 넣고》에서 말했듯이 에세이스트들은 죽음을 공깃돌이나 알밤처럼 굴리며 글을 써야 한다. "글쓰기의 최종 심판관은 딱 한 명, 작가 자신 밖에 없다."는 말을 신뢰하고 명성과 행운을 강물에 처넣어야 할 잡석으로 여길 일이다.

— 〈가을엔 글 숲 여행을〉 중에서

서산일락西山一樂

여름 무더위가 기승을 부린다. 이 무렵이면 무더위를 피하는 나들이를 한다. 해변과 계곡마다 사람들로 발 디딜 틈이 없다. 몸과 마음의 갈증을 풀어줄 물길을 찾아 물이 지천으로 넘치는 도시를 벗어나려는 계절 풍경이다.

여름의 도시는 예전이나 지금이나 참으로 덥다. 내가 대구 산동네에서 살던 시절에 한여름에 풍로를 피웠다. 마당 한켠에 풍로를 가져와 손잡이를 돌리면 바람개비가 돌면서 풍로에 얹은 숯에 불이 붙는다. 불은 잘 붙지만 숯에서 나는 독한 가스로 머리가 어지러웠다. 숯이 없으면 나뭇가지를 잘라 불을 붙이는데 나무가 눅진하면 연기가 뭉클 번지면서 목구멍이 따가워졌다. 이래저래 날씨는 더운데 불기운까지 얹혀 목과 얼굴과 등에 땀이 흘렀다. 전기조리대도, 도시가스도, 연탄도 없던 산비얄 시절에 불을 피우던 시절의 여름이다.

그땐 물은 목을 축이거나 몸을 씻는 것이라고 여겼다. 우물이나 개울에 있는 물이 다인 줄 알았다. 광장에 분수가 치솟고 수도꼭지에서 물이 콸콸 쏟아지고, 바다 파도가 쾅쾅 절벽을 치는 건 외국 사진에서 보는 것이었다. 골짜기를 굴러내리는 계곡물이라든지, 푸른 산기슭을 쓰다듬는 호수 물은 교과서에서 보았다. 오직 풍로 화기를 식혀주는 우물물이면 충분하였다.

당연히 물로 마음을 씻는다는 건 생각하지도 못했다. 몸의 70퍼센트가 물이므로 어른들이 뜨거운 국물이나 냉수를 마시고 시원하다 할 때 몸보다 마음을 두고 하는 말인 줄 몰랐다. 그런데 세심洗心이란 말을 들으면서 몸보다 마음이 더 답답하고 더 쉽게 더워진다는 사실을 알기 시작하였다.

세월이 지났다. 어린 시절 풍롯불 담당이어서 그런지 속이 늘 덥다. 가슴에 풍로가 들어있는지 아무렇지도 않은 일에도 열화가 피어오른다. 그 반작용으로 자주 물을 찾는다. 먹는 물이 아니라 눈으로 봐야 하는 물, 그 물에 가까이 가기만 하여도, 가만히 듣기만 하여도 속이 시원해진다. 머리가 맑아지고 가슴이 시원해지고 안정되기 시작한다. 일일삼성一日三省이 아니라 삼일일견수三日一見水다.

그 명징하고 명철한 소리가 익숙하다. 바다를 바라보고 산길을 지켜보고 호수를 찾아가면 그 소리를 내는 주체를 더욱 분명하게 알게 되었다. 책장을 하나하나 넘길 때 나는 소리이다.

책과 바다가 닮은 점이 많다. 책장마다 찰싹거리는 물소리가 배어있고 빗장과 울타리가 없다. 책을 열면 무한한 지식과 다채로운 세상이 눈앞에 펼쳐진다. 바다처럼 천지사방으로 확 트여 무엇이든 훤히 보인다. 책과 바다는 사람의 귀천을 가리지 않아 지위가 높은 사람이든 신분이 천한 사람이든 그것 앞에서는 겸허해진다. 책과 바다는 때로는 사람의 삶을 괴롭히지만 인간의 삶을 감싸 안는 게 그들의 본성이다.

바다와 책은 밖으로 열린다. 책을 읽은 만큼 먼 바다로 나아간 듯 수평선이 우리를 에워싼다. 책이 바다라면 책을 읽는 사람은 대양 한복판에 떠있는 섬이다. 외로운 섬이 아니라 품격있고 고결한 섬이다. 모든 인간사를 함께 나누려는 섬도 된다. 그래서 바다가 보이는 숲속으로 갈 요량이면 책 한 권을 가방에 넣고 나서면 좋겠다.

가져간 책을 펼쳐 든다. 숱한 밤을 지새우며 하나하나씩 엮어냈을 정성, 모든 작품을 성실하고 진지한 마음으로 읽겠다는 약속. 한 편 한 편을 읽는 순간마다 작가가 앞에 서있다는 확신이 든다.

책의 임자는 하나이면서 둘이다. 책 속에 담은 자신의 생각을 공손하게 독자에게 드리는 작가와 그 작가의 생각이 담긴 책을 정중하게 받아들이는 독자다. 작가를 만나고 세상을 읽는 책은 언어의 숲이다. 수필집 무게가 가벼울지라도 글을 쓴 작가와 그 글을 읽는 독자 모두는 틀림없이 단단하고 넓은 심성을 가졌을 것이다.

봄날엔 정자에서 작가를 만나도 좋다. 꽃향을 맡으며 글을 읽다가 일순간 이마가 서늘하여 고개를 들면 사방천지 벚꽃 잎이 휘날린다. 정자 처마를 훑으며 지나가는 바람의 흔적이다. 순간, 흔들리는 건 사람만이 아니라 책장도 흔들리고 나무도 흔들리고 구름도 흔들린다는 것을 안다. 그렇지. 바람도 흔들리는 거지. 사람은 때때로 흔들리는 마차에 앉아 있는 기분으로 책을 읽어야 한다.

어떤 때는 여름 나무 그늘 아래에서 책을 읽어도 좋다. 바람이 불면 햇빛 그림자가 하얀 종이 위에 나뭇잎 모양으로 박힌다. 바람 따라 점박이 그늘이 이러저리 움직이며 눈을 어지럽힌다. 아른아른, 어른어른. 햇발 아래 그냥 쥐고만 있어도 스쳐 지나간 이웃, 잊었던 사람들이 살아가는 소리들이 가슴으로 들어온다.

가을엔 가을나무 같은 책이 좋다. 그 책은 '남아있는 인생만큼은 자신을 위해 살자.'고 말한다. 그렇게 하기에 좋은 계절이 가을이고 가을에 알맞은 일은 책을 읽는 것이다. 여름에 넓힌 잎을 떨어뜨리고 잘 익은 과일도 내어준 나무는 가을이 되면 제 목질을 단단하게 조인다. 심히 불타오르는 가을 석양빛을 어디서 볼 수 있을까. 바다에도 산에도 갈 수 없는 신세라면 어디서 찾을 수 있을까. 멀리 있지 않다. 타오르는 촛불의 심정으로 쓴 책이다. 글이란 사방 어둠을 밝히려는 촛불. 바위 위에, 물위에, 정자 마루 위에, 그리고 펼친 책 위에도 불빛이 떨어진다.

책을 읽다가 계속 읽지 못하는 순간이 종종 있다. 숨이 막히듯 명치가 아프고 저절로 억, 소리가 난다. 바다에서든 숲 그늘 아래에서든 정자에서든, 봄이든 여름이든 가을이든, 책을 더 이상 읽지 못한다.

작가가 피우는 풍롯불 같은 글 꽃을 만났을 때다. 책은 가슴에 불을 피우는 풍로이므로 여름철 몸이 덥고 글로 뜨거워진 가슴을 식히기 위해서는 물 가까이에서 읽으면 좋다. 책으로 마음이 불타고 물로 끄는 처세야말로 해질 무렵 단 하나 남은 낙樂이다.

소품문小品文 곁

문체는 시대의 표현이면서 사람이다. 문체에는 시대의 변화와 개인의 표정이 담긴다. 중세시대의 문체와 빅토리아조 시대의 문체가 다르고 이광수의 문체와 홍명희의 문체가 나름 독특한 이유는 그것이 삶의 산물이기 때문이다. 문체가 사람과 시대에 따라 역동적으로 바뀌는 것은 문체가 살아있는 유기체라는 뜻이다.

수필의 문장과 문체는 시문이나 소설문과 다르다. 흔히 수필은 담백하고 시는 함축적이고 소설문은 유장하다고 말하는 것은 장르의 특징이 문장론에 있다는 의미다. 수필이 동일한 주제나 소재를 다룬다 해도 읽을 때의 맛이 각양각색인 이유는 작가의 시각과 해석 이외에도 작가 개인이 지닌 문체의 강약, 장단,

고저가 다르다는 데 있다. 수필은 작가 개인의 사상과 정조情調를 담아내는 그릇이면서 변화하는 사회상을 비추는 반사경이므로 문장의 품격을 높이는 노력이 필요하다.

수필은 문장이 좋아야 한다고 말한다. 수필의 진가는 맛있는 문장에 있다고도 말한다. 문장과 문체와의 관계를 밝히자면 문장을 쓰는 규범적인 기법이나 개별적인 스타일이 문체라고 할 수 있다. 비유하면 원단原緞이 문장이고 그 위에 그려진 문양이 문체라 하겠다. 그래서 작가의 기질은 문장보다는 문체로 표현된다고 말한다.

수필과 산문의 차이는 무엇인가. 수필이 개인의 체험을 감성화한 글이라면 산문은 작가가 처한 상황과 시대정신을 반영한 글이다. 수필은 주제와 소재에 따라 문장과 문체를 펼칠 필요가 있다. 긴장된 사건은 문장을 짧게 하고 잔잔한 사색에는 부드러운 문체가 적절하다. 시대의 고난은 장중한 문체로, 애잔한 인간의 비애는 긴 호흡의 톤이 바람직하다. 배우가 맡은 배역에 따라 의상을 달리하는 것과 같다.

나는 고전산문에 나오는 담백하면서 단아한 문체를 좋아한다. 인간으로서의 기쁨과 슬픔, 문사로서의 절절한 고뇌, 그들의 치열한 독서력과 창작력이 담긴 문장을 읽으면 예측불허의 시류에도 불구하고 환하게 뜬 달빛이 가슴에 와 닿는 기분이

든다. 상상이나 허구에 의지하지 않은 산문가들의 인생사를 샅샅이 누비는 듯하다.

고문 중에 소품문이 있다. 소품은 말 그대로 짧은 글, 자투리 글이다. 짧은 길이에 서정적인 내용, 아름다운 문체, 시적 감수성을 바리바리 실어낸다. 오늘의 수필에 가깝다. 비현실적인 사유와 정서, 논리와 윤리를 멀리하고 형이상학적 이데올로기를 얽은 고문古文이 아니다. 저잣거리의 자질구레한 살림살이를 다루고, 어린이, 여성, 하층민 등 약자를 등장시킨다.

잊히고 묻힌 생활인들의 뒷면을 드러낸다. 누구나 당하고 겪는 자잘한 인생이 바로 소품과 수필의 소재이다. 정치와 철학, 도덕 같은 거대담론보다는 평민들의 작은 심성에 가치를 둔다. 작가는 문장가이기 이전에 사람이었다. 아비이고 자식이고 일가친척이고 가문의 일원이었다. 이런 사연에 돌아간 누님을 기리는 글이 있다.

> 강가에 말을 세우고 저 멀리 바라보니, 붉은 명정銘旌은 바람에 펄럭이고 돛대는 비스듬히 미끄러지는데, 강굽이에 이르러 나무를 돌고 난 뒤에는 모습을 감추어 더 이상 보이지 않았다. 그러고는 강가의 멀리 앉은 산은 시집가던 날 누님의 쪽찐 머리처럼 검푸르고, 강물 빛은 그날의 거울처럼 보이며, 새벽달은 눈썹처럼 보였다. 빗을 떨어뜨리던 그날의 일을 눈물 속에서 생각하니 유독 어릴 적 일만이 또렷또렷하게 떠오른

다. 그때는 또 그렇게도 즐거운 일이 많았고, 세월도 길게만 느껴졌다.

그 사이에는 늘 이별과 환난에 시달려야 했고, 빈궁에 시름겨워 했다. 그런 일들이 꿈속인 양 황홀하게 스쳐 지나간다. 형제로 지낸 날들은 어찌도 그렇게 짧았단 말인가?

—박지원, 〈큰누님을 보내고〉 일부

나는 이 조의문을 좋아한다. 수필을 쓰는 사람에게 꼭 읽어보라고 권한다. 중국 대륙을 여행한 박지원이지만 강굽이를 돌아가는 붉은 명정을 바라보며 당대의 문사 박지원은 시집가는 날 누나에게 칭얼댔던 소년으로 돌아간다. 위 문장을 읽으면 박지원이 조선조 시대에 있는 게 아니라 '지금 이곳'에 우리와 함께 산다는 확신이 든다. 돛배 대신 영구차, 쪽 찐 머리 대신 파마머리로 달라졌겠지만 죽은 누이를 그리워하는 슬픔에는 변함이 없다. 이런 경지에서는 수필과 산문의 차이가 없다. 나만의 슬픔이 모든 사람의 한이 되면 감성도 이성도 하나가 된다. 다만 설명이 죽은 글이라면 물상의 이미지로 정곡을 찌른 글이 산 글이라는 차이뿐이다.

소품문이 조선의 문장에 미친 영향은 외연 확장에 있다. 규중 궁궐과 서원과 안방으로부터 장마당과 선술집과 길로 나온 것이다. 한 문체의 주인공은커녕 일상에서도 따돌림을 받았던 여성과 아이들, 기생과 화공, 중인과 평민들의 일상이 소품의 주인공이 되었다. 담배와 바둑과 꽃 같은 기호품도 소재의 일부로 들어왔다. 엄격한 체통보다는 인간적인 모습을 조명하는 것도 마다하지 않았다. 소품문은 점잖은 척해 온 지식인들의 의식에 물꼬를 내어 정서를 풀어내었다. 당연히 문체도 약동하기 마련이다.

글은 어렵지 않다. 왜 그렇고 그런 활동에 시간을 보내는가. 진리라는 철학적 개념보다, 구원이라는 종교적 개념보다 자기 언어로 글을 쓰는 일이 더 구원적이고 철학적이다. 구원이란 별게 아니다. 좌절한 인간의 독설, 벽癖에 빠진 사람의 기괴한 표정, 저잣거리의 행인, 상처받은 인생의 불편한 심기, 살아남은 자의 슬픔 등을 목격하고 예리하면서 따뜻한 관점으로 일침견혈一針見血하는 것이다. 눈이 번쩍 뜨이는 문장을 소리 내어 읽으면 이것이 소품체임을 저절로 안다.

관촌冠村 속으로

이문구는 김동리 선생이 "한국 문단의 가장 이채로운 스타일리스트"로 불러주었던 문장가이다. 충남 대천 갈머리(관촌마을)에서 양반 가문의 피를 받아 태어났지만 열 살 때 집안이 풍비박산 나면서 고단한 인생을 살아온 작가이다. 피비린내 나는 세상에서 막노동과 떠돌이 행상과 묘지 노동자로 생계를 이어갔던 그가 스타일리스트로 불리는 게 참으로 이해하기 어려우면서도 그런 인생을 가졌으니 남다른 문체를 가질 수밖에 없다고 고개를 끄덕이게 된다. 그가 문관에 등극하여 사라져 가는 농촌문학과 농촌산문이 문학적 품격을 얻게 되었으니 전화위복이기도 하다.

이문구의 삶은 그의 소설보다 더 소설적이다. 문필가라는 이름 외에 무덤을 남기지 않았다. 육신은 재가 되어 고향 갈머리 솔밭 길에 뿌려졌고 비석도 필요 없다 했다. 그러니 그의 문장은 더럽혀질 수가 없고 문명文名도 손괴될 수도 없다. 등단 작품이 소설이고 대표작 대부분도 소설이니 이문구는 소설가이다 할지 모르지만 그는 한국이 자랑할 만한 산문가이기도 하다.

수필이 빌릴 수 있는 이문구의 문학적 유산은 한두 가지가 아니다. 우선 1960년대의 우리나라 농촌 현실에 가장 밝은 작가라는 점이다. 반농반어半農半漁 주민의 생활을 유년기부터 보았고 손수 농사도 지었다. 전형적인 사대부 후손이지만 몰락하면서 노가다 생활을 거쳐 작가로 등장함으로써 산업화 시기의 굴곡진 면모도 보여준다. 만연체와 구어체, 토속어와 서민들의 생활언어를 구수하게 구사한다. 무엇보다 끔찍한 전쟁을 잊고자 했으나 큰 상처 이외에는 가진 것이 없어 그는 상처와 치유의 글쓰기에 매달렸다. 사소설을 쓰듯이 숨기거나 축소하거나 과장하지 않았다. 오직 문장의 힘만으로 하고픈 이야기를 거침없이 풀어내어 우리말을 한껏 융숭하게 발전시켰다. 오늘의 현대수필이 이문구 선생에게서 배울 바가 있다면 이러한 매진의 정신력이다.

이문구의 대표작에 《관촌수필冠村隨筆》이 있다. 소설에 수필이라고 이름을 붙였듯이 줄거리의 80퍼센트에 가깝게 그와 가족과 고향사람들의 생활과 성정을 고스란히, 그리고 존경스럽게 담아낸 작품이다. 이 작품은 사소설이면서 사수필이다. 자전적 요소가 사건으로 이어지는 점묘식 가족담은 박진감이 넘치고 극사실적인 효과를 보여준다. 수필이 갈급하게 여기는 줄거리의 웅장한 스케일과 흡인력이 넘쳐난다. 역사성과 시대상을 보여주는 8장으로 이루어진 이 소설은 관동8경을 수묵화로 펼치는 듯 농촌의 몰락을 비장하면서도 해학적으로 담아낸다. 오늘의 수필을 한국 고유의 산문으로 회복시키기 위한 선생의 선견이 아닌가 싶어 첫 마당 〈일락서산日落西山〉을 읽을 때마다 허리를 곧추세운다.

> 이젠 완전히 타락한 동네구나. 나는 은연중 그렇게 중얼거리고 있음을 스스로 깨달았다. 마을의 주인(왕소나무)이 세상 뜬 지 오래라니 오죽해졌으랴 싶기도 했다. 하루에도 몇 차례씩, 더욱이 피서지로 한몫해 온 탓에, 해수욕장이 개장된 여름이면 밤낮 기적 소리가 잘 틈 없던 철로 가에 서서, 그 숱한 소음과 매연을 마시다 지쳐, 영물靈物의 예우도 내던지고 고사枯死해 버린 왕소나무의 운명은, 되새기면 되새길수록 가슴이 쓰리고 아파 견딜 수가 없었다. 물론 왕소나무의 비운에 대한 조상弔喪만으로 비감에 젖어 있었다고는 말할 수 없겠지만-.
>
> —〈일락서산〉, 《관촌수필》에서

조선조 선비의 위엄을 지키던 할아버지가 죽고 동네를 지키던 왕소나무가 사라진 후의 고향을 지켜보는 그는 폐허가 된 왕도王都를 때늦게 찾아온 구신舊臣마냥 숙연하다. 작가의 관점은 허구가 아니어야 한다. 사물을 읽는 작가의 눈은 평소 일상의 삶을 사는 눈이어야 한다. 변해버린 농촌을 외면하는 것이 아니라 몰락에 대한 애정, 존경, 비판, 연민을 결연하게 담아내는 눈빛이 필요하다. 여름 복날, 문을 꼭 닫고 읽어도 서늘한 기운이 뻗치는 산문체를 보여준다.

수필은 14매 정도의 짧은 분량이지만 우리말을 화학적으로 융합하기에는 결코 그릇이 작지 않다. "잎 하나로 나무를 말한다.'"라는 응축은 수필문장론이 아니라 철학의 의미론적 표현이다. 단어와 단어가 서로 포용하면서 수사적 효과를 증진시켜 나가는 우리말의 신축성을 잊고 있다. 유장하고 해학적인 우리말의 토속성과 장중하고 심오한 한자말을 절묘하게 버무리는 재능을 두고 그의 문장력을 존경하는 김기배 시인은 "그는 틈만 나면 '말語 사냥'을 나서서 민중의 삶에서 우러나는 살아 있는 말들의 현장을 찾아다녔다."고 전한다.

〈관촌수필〉의 배경이 오늘의 5차 산업시대에는 맞지 않을지 모른다. 하지만 문학이란 대지와 흙의 주제에서 벗어날 수 없으므로, 탈향과 귀향이 원형이므로, 잃은 것에 대한 찬사이므로, 길러준 땅으로 향하는 귀로이므로, 관촌과 이문구는 수필가들에게 석문石文과 같다. 《관촌수필》이 소설이라는 해설에 아쉬움이 있지만 필자는 수필을 아껴주신 선배 문인의 유작으로 공손하게 받들어 서가에 모시려 한다.

누비처네에 안기다

호랑이가 죽어서 가죽을 남긴다면 작가는 죽어서 무엇을 남길까. 목성균이라는 이름이 한국수필계에서 불사조처럼 되살아나는 이유는 오직 하나, 수필가로 살고 수필가로 영면하였기 때문이다. 각종 문단 직책이 아니라 오직 그만의 문장과 작품으로 영생을 누리게 된 분이다. 할 수만 있다면 문학뿐만 아니라 소박한 삶조차 되살리고 싶은 분이 목성균이다.

그를 기억하는 사람이 드물다. 각종 교과서에 실린 수필이 모범 수필이고 명사名士수필을 명名수필로 여기는 적폐 때문에 재야 수필가에게 눈을 돌리지 못한 탓도 있지만 진정한 서정수필의 시학이 무엇임을 알려 하지 않기 때문이다. 그가 가진 것은 가난과 수굿한 선비기질과 수필에 대한 열정뿐이었다. 그럼에도 현대 서정수필의 금자탑으로 우뚝 서게 되다니.

목성균 선생은 1938년 충북 괴산 연풍에서 태어나 서라벌예대 문예창작과를 다니다가 가난 탓에 중퇴했다. 시작이 어딘가 불편하다. 1993년 《월간에세이》로 초회 추천을 받고(두 번 추천받아야 '에세이스트'라는 이름이 주어진다.) 1995년에 《수필문학》에 〈속리산기〉로 추천 완료하였다. 비사교적이어서 문단 활동에 적극적이지 않아 본의 아니게 생전에 그의 문력을 인정받지 못했다. 쉰이 넘은 1995년에 수필로 등단하고 2004년에 작고하였으니 본격적인 문단 연륜이 채 10년이 못 되는 단명의 작가이기도 하다. 하지만 사후에 편찬된 《누비처네(2010)》만으로 그를 따르는 열혈 문단 후배를 거느리게 되었다.

목성균의 수필 이력은 〈불영사에서〉 시작한다. 절 이름처럼 가을산을 닮은 그는 경직된 수필문단과 초연한 거리를 유지했다. 깊게 주름진 얼굴에 온화한 미소를 지으면서 늘 평범한 수필가들과 어울렸고 변변한 직함도 사양하고 상석으로 나서지도 않았다. 그러나 군계일학은 어디에 있든 순연한 광휘를 발휘하기 마련이다.

목성균은 첫 번째 수필집 《명태에 관한 추억》 머리말에서 "수필 쓰기란 그 인간의 취약성에 대한 자제력을 수련하는 일"이라고 하였다. 돈독한 인정을 즐기고 소중한 추억물을 하나씩 꺼내어 언어로 조탁하였다. 인간의 상처를 치료하는 명의 화타를 연상시켜줄 만큼 정중동의 필력을 지켜냈다. 이미 사라졌거나 그냥 있어도 잊은 것이면 무엇이든 그의 서정 시학의 그물에 갇혔다. 이용휴가 얻었던 재야문형이랄까. 생전에 집필한 수필이 100여 편 정도이지만 어느 작품도 편차가 없이 매끄러움과 정갈함과 묵직함을 함께 지니고 있다. 일언하면 한국의 전통적인 감성과 서정미를 완벽하게 발현한다.

목성균 수필전집 《누비처네》는 평전에 가깝다. 약점과 부끄러운 면을 적나라하게 들추어내어 해학의 백미를 완성시킨다. 묵향처럼 스며든 한문체 문장조차 할머니, 할아버지, 어머니, 아내, 자식 등 가족들의 삶을 장중하게 스토리텔링하는 효과를 갖는다.

그는 평생 '가족애'라는 단어를 사랑했다. 그가 이것에 애정을 가진 것은 상실의 아픔 때문이 아니라 고난의 시절에서조차 행복해지기 위해서였다. 그는 돈이나 권세가 필요 없었다. 목도리, 기둥시계, 명태, 알밤, 담배, 당목수건, 돼지 뒷다리, 연하장 한 장, 군고구마가 있으면 지난 시절의 정을 매끈하게 되살려냈다.

> 군고구마를 사서 잠바 앞섶에 넣으면 온몸이 따뜻했다. 논둑에서 떨어져 눈 속에 빠져도 춥지 않았다. 따뜻한 고구마를 품어서 그런지 눈 속이 아늑했다. 넘어진 자리에서 쉬어간다

는 말처럼 나는 눈 속에 빠져서 잠시 동안 그대로 있었다. 고구마의 온기도 따뜻하고, 논배미 건너 내 셋집 추녀 밑에 걸린 분홍색 백열등 불빛도 따뜻하고, 내 마음도 따뜻했다.

—〈따뜻한 군고구마〉 일부

"따뜻한 고구마를 품어서 그런지 눈 속이 아늑했다." 강원도 산골 영림서 말단 직원이 숙직실에서 직원과 화투를 치고 늦게 돌아오는 길에 넘어져 눈밭에 뒹굴어도 웃는다. 그 포근한 순간을 작가는 독자와 함께 나누려 한다. 가난의 행복이 무엇임을 알려줄 수 있는 방법을 그는 알고 있다. 내 손에 닿았던 사물과 사람들은 언젠가는 소멸되지만 '사랑은 손끝이 전해주는 배려'라는 진실은 사라지지 않는다. 그 진실은 누구에게나 가슴 아픈 불행이므로, 작가도 그것에 링거 줄처럼 죽어라 매달린다.

'누비처네'는 아이를 등에 업을 수 있도록 천을 촘촘하게 누벼서 끈을 달아낸 포대기다. 작가의 누비처네는 모두를 가족으로 함께 묶어주는 다정다감한 끈이다. 세상의 글치고 가족열전이 아닌 글이 어디 있는가. 등잔 심지를 가는 방법을 알려주는 아버지, 태엽으로 감는 촌스러운 괘종시계를 간수하는 할머니, 황태덕장 일꾼들에게 일일이 목도리를 짜주는 작가의 아내, 두 새댁이 모의하여 훔친 돼지불알을 굽는 냄새에도 의연했던 원규 어르신, 명절에도 연락 없는 아들, 옥상 노을을 바라보면서 담배를 꺼내 사위와 함께 피우는 장모…. 이들이 우리의 삶을 이끌고 가는 눈물이고 웃음이다.

목성균 수필은 한국서정수필의 전범이라 하여도 조금도 지나치지 않다. 부드러우면서도 탄탄하고 유려한 문장, 인간미 넘치는 위트, 읽을수록 가까이 다가오는 눈빛, 정법과 활법의 신출귀몰한 문장 변용, 이런 문자향 서권기는 선생이 이루어낸 매력이고 장점이다. 이제 수필 하면 목성균과 《누비처네》를 잊어서는 안 된다. 수필다운 수필을 계속 쓰려면, 수필다운 수필을 읽으려면, 가히 명불허전의 필독서가 이것임을 알면 좋다.

온 가족이 따뜻한 방안에 앉아서 방 밖의 눈보라 소리를 듣는 행복감을 잃어버린 오늘, 그 소멸을 복원시킨 목성균. 이 책을 완독하고 절필해야겠다고 생각하면 제대로 읽은 것이다.

가을엔 글 숲 여행을

가을엔 시보다 산문이 더 어울린다. 말간 햇살과 더 말간 글 한 편을 만나고 싶은 가을 오후쯤이면 태양도 천천히 걸음을 옮기는 듯하다. 낙엽수는 제 잎 떨구어 배후에 있는 풍경을 훤히 드러낸다. 팍팍하게 끌고 온 삶의 그림자가 보이는 그땐, 가을 나무 같은 글을 만나고 싶어진다.

가을에는 귀를 열고 입을 다물자. '말하던 입'은 낙엽 아래 묻고 귀를 열어 여시아문如是我聞의 자세를 갖추자. '나는 이와 같이 들었노라.' 들어서 사실로 확증하는 것이 '내가 들었노라.'이다. 가을의 자연은 눈으로 보는 것이 아니라 귀로 들어야 한다. 가을 에세이도 그렇다.

작가란 젊은 시절에는 마구 쓴다. 당연히 세월이 흐른 후 읽어보면 도대체 글답지 않다. 코피를 쏟으며 썼는데 내용은 허허롭고 논리마저 어설프다. 그런데 열정이 식어가는 노화를 거슬러서 격정으로 쓴 글을 만나면 감각이 다시 부풀어 오른다. 그런 글은 심금을 울리는 현絃처럼 나직하게 소리 내어 읽는 게 좋다. 낙엽이 반쯤 떨어진 은행나무가 보이는 창문 곁에 앉아 이웃에 살고 있는 노 작가가 산책하는 모습을 지켜보듯 읽으면 참 좋다. 고금古今에 알려진 원숙한 그 신사분이 지팡이를 짚고 두꺼운 책 한 권을 감싸 안고 지나치려다가 나를 보고 방향을 틀지도 모른다. 쓸수록 부족해 보이는 글을 쓰는 나에게 "나도 젊은 시절에는 그랬다네."라고 격려하면서 나이를 먹으면 더 깊어지니 괜찮을 거야, 라고 덧붙일 것이다. 그러니 가을에는 글숲 여행을 떠나자.

인간은 두 손을 땅에서 떼면서 수직의 몸을 세웠다. 손이 자유로우니 귀가 하늘로 열렸고 존재성이 무엇인지 느끼기 시작했다. 사람은 봄꽃이 아니라 가을 낙엽 떨어지는 소리로 자신을 본다고 한다. 저 신사분도, 그 앞 신사분도 그랬다. 책갈피를 하나둘 넘길 때마다 생의 진면목을 말해주는 에세이, 가을 나무 같은 에세이를 듣는 여행을 시작해 보자.

그 첫 번째 작가가 "인생답게 인생을 살아라."라고 권한 프랑스 귀족 몽테뉴다. 그는 《수상록》에서 시종 "나의 영혼이 삶의 주인이다."라고 설파했다. 프랑스 보르도 지방의 몽테뉴 성에서 태어나 은퇴 후에는 영지로 돌아와 포도밭을 내려다보는 3층 서재에 박혀 명상을 하며 저술에 몰두했다. 《수상록》을 통해 그를 사로잡고 있던 인간의 야망과 방황, 고통과 죽음의 문제들을 논의했다. '나는 무엇을 아는가?(Que sais-je?)'를 등불로 삼고 모든 존재의 난제들을 밝히기 위해 이성과 의지를 모두 동원했다.

> 나는 모든 애정을 내 영혼과 나 자신에게 쏟는다. 나는 내면으로 시선을 돌려 스스로를 평가한다. 나를 끊임없이 시험하고 분석하고 음미한다. 자신의 존재를 충실하게 누릴 줄 아는 것은 숭고한 일이다. 남아있는 인생만큼은 자신을 위해 살자. 오직 자신과 혼인하는 것. 세상에서 위대한 일은 자기 자신을 아는 일이다.
>
> ― 몽테뉴, 《수상록》 중에서

나무도 "남아있는 인생만큼은 자신을 위해 살자."고 말한다. 나무는 여름 내내 넓혔던 잎을 자연으로 보내고 과일도 사람들에게 내어주지만 가을이 되면 자신을 위해 목질을 더욱 단단하게 조인다. 그 벗음과 담금은 동토를 견뎌내기 위한 준비이다. 마침내 자연에 경외심을 가지면서도 절제된 견인주의자로 성장한다. 하지만 몽테뉴는 인간은 그렇지 못하다고 개탄하였다.

"늙은 영혼은 어리석다. 무익하고 오만방자하고 인색하며, 말이 많고 괴팍하고 탐욕스럽고 교활하다."고 질책했다. 늙음은 이런 것이므로 "정신의 노화는 피할 수 있는 한 피하라."고 끝까지 충고했다.

몽테뉴와 동시대의 문학 파트너로서 탁월한 유신론 사상가 중 한 사람이 파스칼이다. 그는 수학, 물리학, 철학은 물론 신학에 능통했던 르네상스 사상가로서 귀태 나는 프랑스어로 《팡세》를 집필했다. 에세이스트 파스칼은 인간에겐 선악이 공존한다고 믿었다. "인간은 유일신의 은총을 받을 수 있지만 동시에 부패한 인간의 본성은 신의 은총을 받을 자격이 없도록 만든다."고 하였다. 자신의 비참을 모르고 신을 아는 것이나 구세주를 모르면서 자기의 비루함을 아는 것 모두 쓸데없으므로 힘써 자신을 수련하라고 가르쳤다. 파스칼 자신도 31세에 마차 사고로 죽기 전까지 자신의 모든 옷에 하나님과의 만남으로 인생행로가 달라진 체험을 '불'이라는 글자로 새겨 넣었다.

언제 바다는 심히 불타 오를까. 석양 때이다. 가을 수평선 위로 타오를 때의 석양이다. 독일 시인 노발리스는 촛불(火)을 지켜보면서 "불꽃은 혼자 탄다. 혼자 태어나고 혼자 괴로워한다."며 위로 타오르는 모든 존재의 괴로움에 공감하였다. 단풍나무도 불꽃이다. 말하는 인간도 불꽃이다. 가을 저녁 바닷가로 나가

파스칼이 말한 갈대를 생각하며 석양으로 자신의 모든 것을 태우자. 마지막 남은 그리움도 재로 만들자. 그리움이야말로 가장 조용히 혼자 태워야 할 불꽃이리라.

루소의 양면성을 이해할 수 있을까. 쉽지 않지만 바람이 차가워지는 계절엔 가능할지 모른다. 그는 《에밀》《사회계약론》 등 명저를 연이어 발간한 계몽주의 교육철학자, 성공한 소설가, 혁명적 정치사상가였지만 친자식을 고아원에 맡겨 혹독한 사회적 비난을 받았다. 그의 삶은 모순 그 자체였다. 출생과 동시에 당한 어머니의 죽음, 아버지의 폭력, 방황, 배신, 개종, 음악적 재능, 연상의 남작 부인의 정부, 추방, 은둔 등 평생 정신적 고아로 편력했다. "인간은 본래 선하지만 사회와 문명 때문에 타락했다."며 "자연으로 돌아가라."고 했던 말은 자신의 상처를 진단하고 치유한 처방이기도 하다.

그를 진실로 알려면 승승장구한 시기가 아니라 말년의 정관의 모습을 살펴야 한다. 그는 외톨이가 된 상처를 비엔 호수의 피터 섬에 들어가 동양적 무애로 다스리면서 유작인 명상 고백론 《고독한 산책자의 몽상》을 집필했다. 예이츠가 아일랜드 여성 독립투사 모드 곤에게 수차례 청혼하였지만 거절당한 심경을 〈이니스프리의 호도湖島〉로 읊었다면 루소는 "내 홀로 죽으리라, 피터의 호노에서"라는 심경을 표현했다.

> 이제 나는 나 자신 이외에는 형제도, 이웃도, 친구도, 어울리는 사람도 없이 이 지상에서 외톨이다. 누구보다 사교적이고 다정다감한 사람인데도 불구하고 사람들로부터 만장일치로 추방당하고 말았다. …… 그런데 그들로부터, 모든 것으로부터 멀어지고 만 나 자신은 대체 무엇이란 말인가? 바로 이것이 내가 탐구해야 할 남은 과제이다…….
>
> ㅡ루소, 《고독한 산책자의 몽상》 중에서

10장으로 이루어진 이 에세이집은 강렬한 열정을 식히고 서정적이고 온화한 평온을 얻는 과정을 들려준다. "고독과 명상이 하루 중 온전히 나 자신이 되고 나 자신에게 집중하는 유일한 시간"이라는 말은 월든 호수를 지켜보던 소로가 "호수는 대지의 눈"임을 깨친 순간에 일치한다.

이들은 시공을 건너뛰어 소란스러운 인간사회와 결별함으로써 진정한 자아를 발견한 명상가들이다. 달콤한 즐거움과 강렬한 기쁨은 "단지 인생이라는 선에 놓인 듬성듬성한 점"에 불과하다는 루소의 고백은 인간을 성장시켜 주는 계절은 해가 짧아질수록 산 그림자가 짙어지는 늦가을임을 알려 준다. 대철학자 칸트조차 루소의 저작을 읽다가 산책 시간을 어겼듯이 한 번쯤 고독한 산책자 흉내를 내는 것은 그에 대한 불경이 아니라 공손한 모방일 것이다.

장미의 시인 릴케의 서술자인 말테도 만나야 한다. 나체 같은 능선 윤곽이 고스란히 드러나고 강변 미루나무가 서리에 녹기 시작하면 《말테의 수기》에 귀를 기울일 차례가 된다. 살로메에게 퇴짜 맞은 릴케의 페르소나로서 말테도 파리의 화려한 문명이 아니라 죽음과 공포를 사랑했다. 파리의 현실을 두고 "여기서 모두 죽어가지 싶다."라고 절규한 반수기 형식의 에세이는 역설적으로 사랑론의 명저이다. "사랑받는 사람의 삶은 나쁘고 위험하다."고 경고하면서 사랑이란 능동적인 창조 행위이므로 "사랑하기"로 바꿔야 한다고 외쳤다. 그러려면 우선 비움을 배우라고 말한다.

> 나는 그저 방 한 칸, 밝은 다락방이면 충분할 것이다. 그 안에서 낡은 내 물건들, 가족사진과 책들을 끼고 살 것이다. 그리고 등받이 의자 하나와 꽃, 개 몇 마리, 돌길을 걸을 때 필요한 단단한 지팡이가 하나 있었으면 좋겠다. 그 밖에는 아무것도 필요 없다. 누런 상아색 가죽으로 묶고 면지에 낡은 꽃무늬를 넣은 책 한 권만 있으면 된다. 난 그 책 안에 써넣을 것이다. 많은 것을 쓸 것이다. 내게는 생각도 많을 테고, 많은 사람들에 대한 추억도 있을 테니까.
>
> ―릴케, 《말테의 수기》 중에서

이 부분을 읽으면 책과 편지와 시에 묻힌 릴케의 여윈 등이 보인다. 파도 소리가 들리는 숲 벤치에 앉아 책을 읽어도 좋지만 책 읽는 사람 옆에 앉아있는 것도 즐겁다. 가까이 다가가 슬쩍 건드려보아도 미동도 하지 않는 그런 사람을 만나고 싶어 도서관에 가는 날, 그 또한 가을일 것이다.

그런 작가에 '리스본의 초상'이라는 페르난두 페소아가 있다. 그는 포르투갈 리스본에서 태어나 의붓아버지를 따라 짧은 기간 동안 더반과 아프리카에서 몇 년 살았던 것을 제외하면 대부분 리스본에서 수백 편의 산문과 300여 편의 시를 쓰고 1935년 47세에 죽었다. 사후 벽장에서 엄청난 원고가 담긴 낡은 트렁크가 발견되기 전까지 그는 평범한 회사 직원으로만 알려졌다. 하지만 어느 순간 그는 20세기 유럽 영혼을 일깨운 작가가 되었다. 사후에 발간된 《불안의 책》 단 한 권만으로도.

> 인생은 깊이를 알 수 없는 심연으로 가는 마차를 기다리며 머물러야 하는 여인숙이라고 생각한다. … 이 여인숙에 머물며 마냥 기다려야만 하니 감옥으로 여길 수 있겠고, 그동안 다른 사람들을 만나니 사교장일 수도 있겠다. 여인숙을 감옥으로 여기는 것은 잠들지 못하고 무기력하게 방안에 누워 있는 이들의 몫으로 남겨둔다. 사교장으로 여기는 것은 음악 소리와 말소리가 편안하게 들려오는 저쪽 거실에서 대화를 나누는 이들에게 넘긴다. 나는 문가에 앉아 바깥 풍경의 색채와 소리로 눈과 귀를 적시며 마차를 기다리는 동안, 내가 만든 유랑의 노래를 천천히 부른다.
>
> —페르난두 페소아, 《불안의 책》, '머리말' 중에서

세상 어디든 감옥 아니면 사교장이다. 일체유심조이다. 영혼의 방랑자인 페소아는 직장에서 돌아오면 하루도 빼먹지 않고 작은 방에 박혀 글을 썼다. 하루 동안의 모든 감정을 종이 이면지, 신문지, 메모지 등 아무 종이 위에나 옮겼다. 그는 불안한 게 아니었다. 불안해지려고 노력하였다. 그에게 불안은 의식을 깨어나게 하는 힘이고 글을 쓰도록 만드는 영혼의 수레바퀴였다.

가을 먹거리가 풍요로운가. 가을 풍경이 평화롭게 보이는가. 그러면 작가가 되기 힘들다. 사색도, 책도 멀어진다. 달랑거리는 낙엽이 언제 떨어질까. 광고판에 '월세 구함'이라는 종이가 언제 붙었는가. 낡은 수도를 고칠 수리공이 언제 올까. 손에 쥔 볼펜이 언제 닳을까. 기다리는 1호선 지하철이 언제 도착할까. 이런 사소한 불안의 실토가 다른 인생길을 걷는 여행객들을 잠시 즐겁게 해준다. 그것으로 족하다. 그들이 읽는다면 누구도 읽지 않을 거라는 불안이 사라질 것이다. 가을에, 모든 것이 사라지기 전에 페소아의 불안 시리즈로 나의 불안을 죽여보자. 그 책을 읽는 시간만이라도.

가을 하늘과 땅 사이는 무엇으로 채워져 있을까. 책을 읽으면 안다. 충일한 허무임을 안다. 헝가리 출신의 대문호 산도르 마라이는 에세이집 《하늘과 땅》을 출간하면서 토마스 만, 프란츠

카프카에 비교할 정도로 '위대한 유럽 작가의 재발견'이라는 칭송을 들었지만 89세에 스스로 생을 마감했다. 그는 터번이 풀렸을 때 드러나는 맨머리 같은 회한과 울분에 집중하였다. 그는 육신을 가진 분노를 차가운 살얼음 위로 치솟는 분수 같은 문장으로 기록하였다.

> 어느 주간 신문에 내 책에 대한 파렴치한 논평이 실렸을 때는 자살을 생각했다. 세상만사를 이해하고 슬기롭게 마음의 평정을 유지할 때는 공자의 형제이지만, 신문에 오른 참석 인사의 명단에 내 이름이 빠져 있으면 울분을 참지 못한다. 나는 숲가에 서서 가을 단풍에 감탄하면서도 자연에 의혹의 눈으로 꼭 조건을 붙인다. 이성이라는 고귀한 힘을 믿으면서도 공허한 잡담을 늘어놓는 아둔한 모임에 휩쓸려 내 인생의 저녁 시간 대부분을 보낸다. 사랑을 믿지만 돈으로 살 수 있는 여인들과 함께 지낸다. 나는 하늘과 땅 사이의 인간인 탓에 하늘을 믿고 땅을 믿는다. 아멘.
>
> —산도르 마라이, 《하늘과 땅》에서

그는 하늘과 땅 사이에서 산다는 것에 좌절하고 저주하였다. 그의 영혼 안에는 온갖 지혜가 자리하지만 술집에 가면 취객과 주먹질하며 싸운다. 가을이면 모든 것을 떨치고 떠나고 싶지만 기껏 하늘을 나는 새들을 눈으로 뒤쫓을 따름이다. 그래도 그런 체념의 파고가 높다랗게 밀려들 때라도 북쪽 지방에서 첫눈이 내렸다는 소식을 듣기를 간절히 소망한다. 눈은 모든 것을 덮어 준다지. 산도 들판도, 집도 자동차도, 그리고 모든 감정도.

삶이란 해석 나름이다. 고苦, 연緣, 필必이라 말하다 못해 덫이라 한다. 덫에 걸리면 찢기고 말라 죽는다. 아무도 그것을 피하지 못하고 더불어 사는 게 인간이다. 그 덫을 잠재의식, 집단무의식, 아니마, 아니무스, 스트레스, 프시케 등의 심리용어로 친절하게 설명해준 20세기 정신과 의사가 있다. 칼 융이다. 그는 사막의 노을보다 더 붉은 표지를 입힌 《레드북》을 발간하면서 책의 본명을 《새로운 책(Liber Novs)》이라고 붙였다. 중세사상과 결별한 장르로서 소설이 등장했을 때에도 'novel(새로운 책)'로 불렸다. 융은 자신 이전의 모든 철학이론, 과학학설, 인문학 논리, 그리고 의학과 결별하기로 작정하듯 이 이름을 붙였다. 그만큼 이 저서는 "무의식에서 폭발하듯 터져 나와서 불가사의의 강물처럼 덮치며 나를 산산조각 낼 듯 위협했던 것"들을 해체하여 가장 적나라한 자복自服의 에세이라 불린다.

나의 영혼이여, 그대는 어디 있는가? 나의 말이 들리는가? 지금 나는 그대에게 말을 걸고 있어. 그대를 부르고 있어. 그대는 거기에 있는가? 나는 다시 돌아왔어. 다시 여기 왔어. 나는 나의 발에 묻은 흙먼지를 모두 털어냈어. 나는 다시 그대에게 왔어. 지금 그대와 함께 있어. 오랜 세월에 걸쳐 멀고 먼

길을 방랑한 끝에, 다시 그대에게 돌아왔어. 내가 보고 겪고 동화시킨 모든 것을 그대에게 죄다 말해 주어야 하는가? 아니면 그대는 삶과 세상의 온갖 소음에 대해 듣고 싶어 하지 않는가? 그러나 그대가 알아야 할 것이 한 가지 있네. 내가 배운 한 가지는 인간은 이 삶을 직접 살아야 한다는 거야.

—1장 〈영혼의 재발견〉 일부, 《레드북》에서

《레드북》은 6년 동안 수제자와 스승으로 신뢰를 구축해온 프로이트와 결별한 후 칩거하면서 분석심리학에 맹진한 결실이다. 환상과 광기 속에서 눈에 보이지 않은 자아를 찾으려는 영혼은 지구의 언어가 아니라 안드로메다 성운의 언어를 빌려왔다고 할 정도로 난해하지만 두려워할 필요가 없다. 한국어 번역본으로 450쪽이 넘는 방대한 분량과 수백 개는 족히 될 화려한 만다라식 심리화가 혼란스러울지 모르나 그 모든 진실은 프롤로그에 적힌 한 문장에 모아진다. "세상에는 오직 하나의 길밖에 없다. 그것은 바로 당신의 길이다."

에세이스트들은 자신의 삶을 얽맨 덫이 무엇임을 알아차린다. 그저 평화로운 표정을 짓지만 감수성이 예민한 작가는 불길한 예감을 갖고 그것에 관해 글을 쓴다. 찰스 부코스키가 《죽음을 주머니에 넣고》에서 말했듯이 에세이스트들은 죽음을 공깃돌이나 알밤처럼 굴리며 글을 써야 한다. "글쓰기의 최종 심판관은 딱 한 명, 작가 자신"밖에 없다는 말을 신뢰하고 명성과 행운을 강물에 처넣어야 할 잡석으로 여겨야 한다.

가을 저녁의 고요를 받아들이며 이런 작가들의 에세이집을 펼쳐보도록 하자. 몽테뉴 씨부터 칼 융 씨에 이르기까지 이들이 전해주는 이야기는 하나같이 영혼의 탐색과 구원이다. 삶 자체가 함정이고 글쓰기가 덫일지라도 어느 페이지에서도 신산한 마음을 다독여주는 목소리를 만난다. 그럴 때면 앞뒤 없는 혼돈이 호수의 안개처럼 순해지면서 우리의 존재는 서서히 준엄한 어둠에 묻힐 것이다. 모진 미련도 덮은 책처럼 안식을 취할 것이다. 그때, 조금은 두꺼운 옷을 입고 낙엽 지는 바닷가 거리로 나서면 조금 전에 만났던 노신사가 지팡이를 짚고 두꺼운 책 한 권을 감싸 안고 앞서 걸어가고 있을 것이다. 저 분이 진정 영혼의 집사이면서 가을나무를 닮았구나. 그런데 아직 무엇인가 더 읽을 게 있다는 것을 안다. 갑자기 치솟는 분수 같은 글에 중독된 후에는.

나우 앤 히어(Now and here…)

나무는 목인木印으로 자신을 기록한다. 평생 안으로 새기고 오직 베어질 때 단 한번 보여준다. 죽음으로 자신을 표상하는 목木을 동경하며 40년 가까이 글을 쓴다. 소요와 불안의 시대를 거치면서 펜과 종이를 대면한 시간이 행복하면서 가장 고요한 시간이었다.

숱한 점 위를 걷고 있다. 별 흙 책 꽃 불 나무 바람. 그리고 바다. 사람과 세상. 사랑과 인생, 학문과 문학, 지성과 감성이 나를 가라앉지 않게 해준다, 참 고맙다. 고통과 상처도 나에겐 탄탄한 버팀목이다. 더 열심히 말을 걸 걸, 더 조용히 귀를 기울일 걸, 그들을 위한 이야기를 하는 동안 그들과 내가 '우리' 라는 것을 알게 되었다.

지금 여기 우리가 있다.(… we are.)

삶은 기적 같은 순간의 연속이다. 가슴 어딘가에 숨어있을 마지막 감성까지 불러내려 했지만 아름답고 순수한 삶은 여전히 저 멀리 있다.

글을 쓰면서 고대 음유시인들을 생각한다. 왜 그들은 목마르도록 노래하고 허기져도 글을 쓰려 했을까. 그렇구나, 자유의 영혼에겐 노래조차 고백이고 기도이구나.

삶을 각인하는 가슴머리손눈귀의 노동을 사랑한다. 글이 되도록 받쳐준 분들에게 감사드린다. 비가 시들어가는 꽃의 생명을 환하게 살려주듯이 《백화화쟁》으로 잠시 평온해진다면 더 이상 바랄 게 없다.

모든 분이 지금 여기에 있는 꽃이므로.

2020.
골밭이 시엽지로 물드는 즈음
박 양 근